NINGBO
CULTURE
SERIES

(SET 3)

宁波文化丛书
第三辑

宁波文化丛书（第三辑）

主编　郁伟年　杨　劲

甬上乐人

宁波现当代音乐家小传

贺秋帆 著

宁波出版社

作者简介

贺秋帆,宁波人。北京三联书店《爱乐》杂志撰稿人,上海《看电影》杂志专栏作家。宁波图书馆定期讲座《秋帆乐话,如是我闻》、宁波交响乐团定期讲座《宁波交响,秋帆导读》主讲人。宁波电台音乐频道古典音乐节目《相约秋帆,洗耳恭听》主持人。

目录

| 综　述 | 001 |

钢琴篇　　　　　　　　　　　　　　　　　　　009

吴乐懿（1919—2000）：一辈子把钢琴背在身上	011
朱工一（1922—1986）：中国钢琴界的通才	019
周广仁（1928—　）：中国钢琴教母	023
巫漪丽（1930—2019）：中国最好的钢琴伴奏家	033
李名强（1936—　）：中国杰出钢琴家	039
洪　腾（1937—　）：我只会弹琴和教琴	047
应诗真（1937—　）：钢琴是诗亦是真	051
李　坚（1965—　）：中国最强"音二代"	055

声乐篇　　　　　　　　　　　　　　　　　　　061

应尚能（1902—1973）：中国声乐教育先行者	063
赵梅伯（1905—1999）：一部活的中国声乐史	071
葛朝祉（1917—1998）：中国声乐的领唱者	080
斯义桂（1917—1994）：世界级男低音歌唱家	088

姚　莉（1922—2019）：中国流行歌坛银嗓子　　094

楼乾贵（1923—2014）：中国声乐界的旗帜　　099

董爱琳（1927— ）：中国第一代女中音　　105

钱曼华（1944— ）：中国民族美声代表　　109

胡晓平（1950— ）：从挡车女工到中国首席女高音　　112

黄　英（1968— ）：中国飞来的夜莺　　118

弦乐篇　　123

张贞黻（1904—1948）：中国大提琴先驱　　125

俞丽拿（1940— ）：《梁祝》代言人　　131

马友友（1955— ）：享誉世界的大提琴家　　139

柳和埙（1927—2020）：中国任期最长的乐队首席　　149

管乐篇　　155

石人望（1906—1985）：中国口琴一代宗师　　157

朱起东（1913—1991）：中国小号奠基人　　161

陆春龄（1921—2018）：中国竹笛之王　　164

指挥篇 　　　　171

姚关荣（1936—2021）：莱比锡指挥学派的中国传人　　　173
俞　峰（1964—）：中国最高乐府掌门人　　　183
俞　潞（1989—）：中国指挥界的新希望　　　192

作曲篇 　　　　201

李厚襄（1916—1973）：中国流行音乐泰斗　　　203
孙　慎（1916—2021）：中国救亡音乐先行者　　　208
胡登跳（1926—1995）：中国民族室内乐奠基人　　　214
陈　钢（1935—）：《梁祝》的作者之一　　　218
陆在易（1943—）：中国艺术歌曲之王　　　224

参考文献 　　　　231

后　记 　　　　236

综述

近代以来，甬籍才俊对于中国现代化进程的贡献与其说已经成为一个文化景观，毋宁说是一个文化奇迹，他们令"宁波帮"的内涵不断拓展。他们既可以专指旧上海自由经济状态下脱颖而出的甬商，亦可以是总数雄踞全国首位的甬籍院士群体。此外，依照近年来学界的研究成果，更有一支"音乐宁波帮"在数量和质地两方面均傲视中华，其中的代表，即选入本书的三十二位音乐家。从祖籍地归属论，他们涉及鄞州、奉化、慈溪、宁海、镇海、北仑与余姚等；以专业领域分，则涉及钢琴、声乐、弦乐、管乐、指挥、作曲以及流行音乐诸种。其分布之均衡，影响力之深广，举国罕见。本书尽量取平视视角，弃无限拔高口吻，力求还传主之寻常面目。

本书的撰述体例，先是以所侍奉的音乐类型来框定音乐家范围。首先考虑的是举世公认之人类音乐最高境界即西洋古典音乐的代言者，以强调其尽可能深广的影响力，如赵梅伯、斯义桂、马友友。然后逐步拓展，择要收入中国严肃音乐作品的代表性演奏者，如俞丽拿。再拓展至中国民乐的谱曲者及演奏者，如陆春龄。继而拓展至流行音乐的作者及歌者，如李厚襄、姚莉。但本书的核心（或宁波音乐家群体影响力总和），在于西洋古典音乐的解读者群体的生平回顾与成就概览。

本书写作之前，笔者也曾遍览坊间能够找到的音乐宁波帮研究成果，发现一个很大遗憾，即此类文字竟从未涉及音乐家所留存的录音遗产，更遑论从听觉的层面对之做出服众的评介，故而本书的写作力求在这方面倾斜、发力，只要是传主留下的录音及视频遗产，均尽最大可能找到，并记录下来，扩充全书。此举对后继之同行也不失为一种提示：音乐毕竟是用来听的，音乐家的研究不能从文字到文字，绕开听觉的评判。

本书写作过程中，笔者还对甬籍音乐家群体总结出一系列特征，姑且归纳于后：

第一，他们根之所系，名为宁波，实为上海。虽然我们把这个群体统称为甬籍音乐家，但他们的出生、成长及教育背景多是在上海，其共同成长土壤是开埠以后的国际化大都市上海。即使是1949年后土生土长的宁波音乐家俞峰，只要翻翻他的求学履历，便知他与上海"一刻也不能分割"，上海音乐学院附中是他指挥生涯打基础的地方。没有上海，便没有宁波音乐家，没有上海，宁波音乐家就缺失了走向全国、获取国际影响的通道。

第二，宁波籍音乐家的祖辈，其实就是在商业领域较成功的宁波帮。例如钢琴家巫漪丽的母亲李慧英为北仑李家之后，其外祖父李书云在清末民初的上海工商界可谓一言九鼎，曾与"状元商人"张謇组建沪上首家民办的大达轮船公司，又与宁波人虞洽卿发起创办四明银行。辛亥前，李氏还入同盟会资助孙中山。世界级男低音斯义桂的父亲斯礼遂本是奉化的石匠，因承接沪杭重要建筑的石饰工程而立足上海滩。钢琴家周广仁的祖父周宗良在上海做买办，1924年成为德孚洋行总代理。同为北仑李家之后的钢琴家李名强，其父李祖彝曾留学德国，攻读机械，回国后成为实业家。

第三，正因为父辈多搞实业，所以宁波籍音乐家的音乐梦普遍实现得并不顺利。与一切世俗的父辈一样，子孙的饭碗被他们看得天一样大，或者说，他们普遍还没有进步到自觉在下一代身上投资艺术的程度。于是，周广仁的父亲周孝高对女儿这样摊牌："在中国，专业搞音乐是没有饭吃的，你应该好好学习外文，把钢琴作为辅修。如果你业余时间学琴，我供你全部学费；如果你要专业学琴，我就不提供学费。"赵梅伯的父亲对他的音乐梦嗤之以鼻，并断绝了他的学费，以至于赵梅伯不得不跑到外轮上向船员兜售中国刺绣赚钱。即使是已经取得上海"纪念舒伯特逝世一百周年"音乐比赛儿童组第二名的吴乐懿想去报考上海国立音乐专科学校，她那在英商宝威大药行任职的父亲对她的前景也并不看好，看她去意已决，还要约法三章：要么考取，要么辍学；如考取，则要在系主任查哈罗夫班上学琴；不许和男同学说话。笔者之所以提到这些，是想指出，在上海以商立足的宁波人，艺术上的视野其实是相当狭窄的。他们的晚辈之所以能够在音乐上有所造诣，完全仰赖旧上海开放多元的大环境，使得他们即使被断绝经济来源，仍然可以圆梦。宁波籍音乐家的父辈里，最难得的是马友友的父亲马孝骏。这位巴黎学成归来的国立中央大学教授所具备的全球化眼光以及关键时刻做出的抉择，为造就马友友扫清了一切障碍。

第四，甬籍音乐家成才诸要素里，易被忽略的是普遍的基督教家庭及教育背景。这个因素的存在，拉近了甬籍音乐家与西方古典音乐的天然距离——盖古典音乐的源头是宗教音乐。教会学校、教堂礼拜的耳濡目染，对具有灵性的学子，其作用强于枯燥乏味的技术训练。中国第一代女中音董爱琳就是从教会中学到圣约翰大学（今上海教会大学）一路读来。抒情男中音葛朝祉全家信奉基督教，他读高小时常随大哥去四川北路的守真堂做礼拜，兄嫂常因布道而无暇进食，对葛朝祉后来的精神养成产生过极大影响。吴乐懿的母亲曾在教会学校清心女中读书，父亲是教会唱诗班成员。吴乐懿最初的记忆就是在父亲怀里听他唱歌，边上是母亲用钢琴伴奏。童年时代的一个圣诞节晚上，她被带去公开演唱，得到一个洋娃娃做奖励。赵梅伯之父赵筱山也是圣约翰大学毕业，赵梅伯受其影响，接触到美国黑人灵歌及教堂赞美歌。因为父亲工作调动，赵梅伯回甬进入英国循道公会所办的斐迪中学，日后在中国传播西洋音乐不遗余力，其精神亦颇接近耶稣之传道。值得一提的是，胡晓平是在移居多伦多后才皈依天主教的，她在接受故乡媒体采访时说："这些年来虽然经历了许许多多生活的压力及家庭的波折，可是我依然满心感谢神给予我的一切。我知道个人的才能并不是天生的……既然神赐给我歌唱的才能，我就应该多为神的福音而歌唱，多为神的福音事业花时间。"

第五，通过甬籍声乐家及钢琴家的师承谱系梳理，可以明了音乐领域西学东渐的清晰脉络。葛朝祉在中学时期就已经师从俄国流亡男低音歌唱家苏石林（马林斯基剧院台柱，与夏里亚宾齐名）。斯义桂则不单在上海国立音乐专科学校（今上海音乐学院）师从苏石林，还在毕业后加盟苏石林办的歌剧院，多次在兰心大戏院演唱，其男低音潜能才得到充分发掘及市场认可。董爱琳也是苏石林的私人弟子，据董的回忆，苏石林的课每次都要预约，学费非常昂贵，于是她每月上一次课。苏石林要求很严，先练声，把调门记住，下次来必须还课。老师不懂中文，上课必须用英文对话。对中国钢琴教育贡献最大的是意大利钢琴家梅百器，他是李斯特的门生斯贾姆巴蒂的学生，1919年起担任上海工部局交响乐团的指挥。某种意义上，他造就了这支乐团里最早的中国乐师——甬籍大提琴家张贞黻，同时培养了一大批中国琴童，其中就有傅聪。甬籍钢琴家受惠于他的也不在少数，巫漪丽、吴乐懿、朱工一、周广仁均在其列。另外，中国钢琴史上尚需记录一笔的是流亡的犹太人威登堡，其人是小提琴宗师约阿希姆的学生，曾经在柏林音乐学院主修小提琴和钢琴，后一度成为柏林音乐学院院长，与海菲兹、克莱斯勒有私交，在他生命的最后阶段曾经带过李名强。如此显赫之师承关系，亦可见上海当年国际化程度之高，文化生活之盛，艺术根基之厚。这些世界级名师不但带出了一批卓越的中国学生，事实上还建立起了中国音乐教学的体系框架及审美标杆。

第六，甬籍音乐家的人生命运在历史的动荡中分化。在本书写作的前期准备阶段中，我已感觉到书写的时间分野带出的内容分野，这在钢琴家吴乐懿的自传文章《我的音乐旅程》中其实已可管窥，她在文中对年轻时代求学、成名之路的回顾可谓巨细靡遗，但对后面漫长的30年人生却一笔带过。本书的一些传主，其人生大致上也被分成两截，前半生何其精彩，即使是沐浴于战火，朝不保夕，仍旧有音乐这一指路明灯照亮前路，而后半生，他们却不得不因政治动荡放弃艺术生命。例如楼乾贵，这位曾经逃脱国民党死刑的戏剧男高音歌唱家，却在全盛期被判了艺术上的死刑，虽然他发表在《人民日报》上的《中国歌和洋唱法》被周恩来大加肯定，但并不能使他免于成为"右派"，直至众叛亲离。再如巫漪丽，"文革"中被迫与入狱的丈夫、中央乐团首席小提琴杨秉孙离婚。再如周广仁，历经丈夫从被划为"右派"到自杀的磨难。再如应尚能，被强制在天津郊区劳动，1973年因结肠癌去世，直到1983年才获平反⋯⋯如果没有那段历史，甬籍音乐家的整体贡献也许可以更大，真是令人可惜、可叹。造化弄人，享有世界声誉的斯义桂在1947年赴美演出并定居，马友友到1985才首次踏上故土，除了来自父亲的少许中国文化熏陶，他的教育背景可以说是全盘西化的，连中文表达都有困难，但他们在国外取得了艺术上的巨大成就，曾以首席艺术家身份出席美国总统的就职宣誓仪式，且分别在不同年代都与指挥帝王卡拉扬有过合作。论及在华人圈的影响力，赵梅伯应不亚于斯、马。1948年底，赵梅伯与清华大学校长梅贻琦同机离开北平，终在1949年抵达香港，20年后又移居美国，开启了另一道人生之门。

第七，宁波籍音乐家里，可以发现部分家学传承，例如：作曲家陈钢乃歌仙陈歌辛之子；俞丽拿和李坚母子虽然领域不同，但对中国当代音乐听觉的影响各擅胜场；中央音乐学院院长俞峰来自宁波乡间，全靠一己之力抓住机遇，终成国内指挥界之翘楚，他的成长史恰恰见证了中国改革开放并与世界接轨的进程,是"国运兴,乐运昌"的象征。俞家现在一门三指挥,其侄俞潞、其子俞极崭露头角,俞氏家学遂成,宁波遂成新时代音乐家诞生之沃土。

  2019年2月25日,笔者在宁波交响乐团团长童铭女士的安排下,拜会了当晚将指挥宁波交响乐团演出的甬籍指挥家姚关荣先生,他也是笔者着手写作的第一位传主。2020年11月20日,俞潞指挥宁波交响乐团的贝多芬系列音乐会正在紧张排练,也是由童铭女士牵线,笔者获得了与俞潞长谈的机会。往前推15年,也是在宁波大剧院,笔者有幸与正在举行亚洲巡演的马友友有过一场愉快的见面。本书某种意义上也是当代宁波音乐生活的一份见证,它的完成可能是命中注定的,尽管真正的写作时间不过半年,但是前期的准备超过了20年。

钢琴篇

吴乐懿（1919—2006）：

一辈子把钢琴背在身上

天生的钢琴家

吴乐懿生于上海，祖籍鄞县，小时候随父母回过一次故乡。吴乐懿学钢琴是受了母亲的影响。母亲曾在教会学校清心女中读书，因为出身贫寒，只好去偷听同学练琴。假期里，母亲甚至从窗口跳进琴房练琴，就这样开始了学琴的第一课。数年以后，母亲留校教课，因为通过自学，她的钢琴也达到了能够开课的程度。吴乐懿的父亲爱好唱歌，是教会唱诗班成员。结婚时，母亲的唯一愿望是有一架自己的钢琴。吴乐懿的最初记忆就是在父亲怀里听他唱歌，边上是母亲用钢琴伴奏。

4岁时，吴乐懿就在父亲教导下站在凳子上唱歌。有一年的圣诞节晚上，她被带去公开演唱，因为还不懂怯场，所以十分成功，得到一个洋娃娃做奖励。不久，她听到窗外传来卖唱者唱《孟姜女》的歌声，旋即在钢琴上一音不差地弹出整段旋律,这时候起,母亲就开始专门教她习琴。7岁时,父亲所在的雅乐社合唱团去杭州之江大学演出,吴乐懿也被带去一展琴艺。彼时,她还够不着踏板,并且要被人抱着向台下鞠躬,这是她记忆里第一次公开独奏。1928年,上海举行"纪念舒伯特逝世一百周年"音乐比赛,规定必须弹舒伯特作品,吴乐懿得了儿童组第二名。那时,母亲觉得有必要给她找一个好老师,于是请了中国第一代女钢琴家王瑞娴来教她。

幼年时的吴乐懿

吴乐懿在工部局中学读书时就常常为父亲伴奏,也常常给母亲代钢琴课,学校里各种舞蹈、合唱的排练伴奏也是请她出马。运动会时,她更是用钢琴助阵,从开幕弹到闭幕。圣诞节、新年时,经常有同学请她去家里弹琴。她也弹些大家喜欢的歌曲、电影插曲之类,还即兴配些伴奏。她当时没有意识到,这些经历对她的视奏、伴奏、教学都是很好的训练。这样的日子一直延续到1935年10月她考上上海国立音乐专科学校(以下简称上海国立音专)。不过,在英商宝威大药行任职的父亲对她念男女混合学校的前景并不看好,但看她心意已决,只是提出三个条件：一、要么考取，要么辍学；二、如果考取，一定要在系主任查哈罗夫班上学琴；三、不许和男同学说话。此处需要插一句，鲍里斯·查哈罗夫（1888—1942）原系圣彼得堡音乐学院的钢琴教授及演奏家，十月革命后到哈尔滨演出，选择留在中国，被上海国立音专创始人萧友梅先生聘为钢琴系主任。

不可企及的师承

吴乐懿考上海国立音专的那年有二十几人同考，萧友梅、黄自及查哈罗夫率全体钢琴老师均在考试现场。据她母亲打探来的情报，查哈罗夫当年招两个学生的名额已满，但吴乐懿考的那天，等她弹完，查哈罗夫对她说了一句"Hard work"，还问她几岁了，在哪里学的琴，然后就离开了。翌日就传出她被上海国立音专高中班录取的消息。那年，查哈罗夫的确收了两个学生，另一个是范继森（1917—1968，1955年起任上海音乐学院钢琴系主任，死于"文革"期间）。

查哈罗夫有许多怪癖，比如学生开演奏会，他习惯于在后台踱方步抽烟，并且大吃巧克力。学生演出期间的点点滴滴都由他一人安排定当，具体到服装、早饭的选择。至于他对琴、琴凳、灯光的调试讲究，对于舞台礼节的重视，令人想到莫斯科音乐学院四大派之一涅高兹一派里"演"和"奏"并重的艺术观。查哈罗夫还把吴乐懿介绍给工部局交响乐团，使她早早就和梅百器、富华等指挥有过合作。可惜因为父命难违，吴乐懿错失许多跟查哈罗夫单独学琴的机会。1941年，吴乐懿毕业留校。长期生活不规律的查哈罗夫被诊断出患有癌症，次年离世，连入院的费用都是朋友们帮衬的。1943年，吴乐懿开始筹款为他修墓，于是举办大量募捐音乐会及带大量的学生，直到身体彻底垮掉，不得不用三年时间中西医合治，才恢复元气。

这以后，能够教吴乐懿的只有梅百器了。梅百器认为她需要全面提高素养，于是介绍她跟工部局交响乐团的小提琴师弗兰克尔学习和声、作曲以及室内乐，从音乐的深度和广度上进行提高。1948 年，吴乐懿被母校聘为副教授，并受印尼华侨协会邀请前往南洋义演。等巡回演出结束，上海正值解放，回国通道暂时被切断。印尼方面觉得亏欠她，所以问她有什么愿望，将尽量满足。吴乐懿提出一个埋藏十年的夙愿，希望能被安排去法国游学。于是，行程安排很顺利，她在船上待了一个月。1950 年元旦，她在船上举行独奏会并结识了一些法国友人，在他们帮助下，顺利地在巴黎音乐学院师从法国学派的重量级人物伊瓦斯·奈特（1890—1956）。毕业后，她又成为法国学派一代宗师玛格丽特·隆（1874—1966）唯一的中国学生，但因为年龄而错失玛格丽特·隆国际钢琴比赛资格。1954 年，吴乐懿终于回到中国香港与父母团聚。举办了几场演奏会后，她接到贺绿汀、李翠贞、范继森等师友的来信，于是重返上海音乐学院（原上海国立音专）。

教学片段

"当每个到地球上来旅行的人想到总有一天会匆匆离去时，都会留下自己的遗憾，是的，对我来说，最大的遗憾是，我再也无法像在年轻时那样地弹琴了。而我的旅程却是从弹琴开始的。"1994 年，吴乐懿曾经撰文《我的音乐旅程》回顾自己的一生，笔墨基本集中在早期的学琴生涯，对归国后的遭际一笔带过，所以本文也无意再去多做挖掘。不过吴乐懿的学生萧酩后来专门写过长文回忆乃师，其中有一段关于吴乐懿评职称的记述，可见她的境界："1956 年高校评级时，系党支书记李文蕙告诉她已经评为二级教授，但出于种种原因要第二年才宣布，但次年国内形势突变停止了评级，这一拖就到'文革'后，她从未有过埋怨的话。"

20世纪80年代,吴乐懿担任系主任工作,不得不卷入到一系列是是非非中。在学生眼里,她就是忍辱负重,得不偿失,但她讲过一句话,令人肃然起敬:"我是一个一辈子把钢琴背在身上的人。"萧酩文中也记录了吴乐懿关于钢琴教学的体会及言说,比如:"关于钢琴演奏法的著作非常多,你看都看不完。它们各有道理,但只要能把效果弹出来,那就是对的。即使你把手翻过来,手掌向上能把效果弹出来也是可以的……要学会听唱片,有些人就是不会听唱片。"吴乐懿自己留下的文字不多。《钢琴教学中的一些感想》是她一生教学心得的浓缩,颇多真知灼见,特引于后:

● 吴乐懿与学生萧酩

  一个钢琴教师,如果脱离了演奏活动,他或她的专业水平及对音乐的判断能力就会退步、下降,以至最后当听到学生并不太好的演奏时,也会感到满意了。因为这样的教师首先是降低了对自己的要求,因而导致不知不觉地对学生的要求也降低了。如果一个教师经常参加演奏活动,对自己的演奏力求做到尽可能好的地步,他们就会从实践中得到直接的体会和经验,随之对学生的要求也会提高。

  ……

  在我们的教学曲目中,还经常需要添加入中国作曲家的新创作,对于这样的新作品,根据我的经验,一定要尽可能地听取到作曲家本人的指点和讲解,尽可能地做到按照作曲家的本意来体会和表现乐曲的内容……

听录音应该说是音乐教学中的一个重要环节，但是不能完全模仿，应当给学生听不同演奏家的演奏，因为学生容易单一地模仿一些表面现象。要引导他们对不同演奏家的演奏进行比较、分析，在比较、分析中允许学生有一定范围的选择自由，这也就是说要求学生博采众长……

现在，参加国内外的钢琴比赛和演奏越来越多。学生从上台开始到鞠躬谢幕，特别是与乐队指挥的配合，以及学生的舞台化妆，服装搭配这些细节在我们的教育中不能忽略……

在我国作曲家的钢琴作品中，有一些是模拟古琴或筝等这些历史悠久的弹拨乐器的音色来体现古雅的风格，在弹奏时就需要更多地使用踏板，以使音色增添一种清远、古朴的色彩。

不能设想，教师本人不能理解他的教学曲目，自己又不演奏，却能教出很好的学生……我，作为教师，是一个"矿工"。我的责任就是要把你身上可能有的金子都采掘出来。

录音遗产

2005年，吴乐懿的弟子之一，上海音乐学院巢志珏教授撰文《琴音缭绕忆故人——缅怀吴乐懿教授》，回忆给先生做寿的往事：

大家讨论许久，决定将她在五六十年代演奏的唱片资料制成CD作为纪念礼物献给她，吴先生欣然接受了……整张CD包括五首中国乐曲：贺绿汀的《牧童短笛》，丁善德的《新疆舞曲第一、二号》，刘福安的《采茶扑蝶》和瞿维的《花鼓》；七首外国乐曲：肖邦《c小调夜曲》，古巴作曲家雷古沃那的两首西班牙风格舞曲《玛拉甘娜舞曲》和《基塔那舞曲》，德利布《娜拉圆舞曲》，德彪西《月光》《回忆》和李斯特《第一钢琴协奏曲》。十二首风格迥异的乐曲，吴乐懿先生演奏得各具特色，风格讲究。有的作品豪放爽朗，有的色彩华丽洒脱；八度和弦奏得铿锵有力，气度轩昂，充分体现了演奏家扎实的功底和深厚的造诣。吴乐懿先生将浑厚有力的俄罗斯学派，细腻精致的法国流派，糅合了与中国人从容、利落干净的气质，使聆听者备受震撼……其中关于《牧童短笛》的录制，吴乐懿先生专门提到，此作品获奖时，是她的老师查哈罗夫亲自视弹的，她也特别喜爱此曲，到国外经常向欧洲人介绍、演奏，很受欢迎。回国灌制唱片时，贺绿汀院长亲自给她指点。吴先生说，贺院长要求的速度是较慢的，很纯朴悠闲，比她弹的速度还慢些。

● 1945年，意大利钢琴家梅百器和中国学生合影，二排左五吴乐懿、一排左三周广仁、一排右一巫漪丽皆为宁波籍

令人欣慰的是，中国唱片上海公司后来将吴乐懿所有录音母带找到并转制出版。这套《中国著名演奏家录音珍版典藏·珍藏吴乐懿》专辑一共三碟，除了上文提及的曲目，另收入了法国作曲家福列的《即兴曲》与《船歌》、肖邦的《降A大调波兰舞曲》、法雅的《火祭舞》、弗兰克的《前奏曲、圣咏与赋格》、贺绿汀的《思往日》和《创意曲》、刘雪庵的《钢琴组曲》、汪立三的《兰花花》、瞿维的《序曲二首》。整套唱片里，最惊艳的应该是《柴可夫斯基降b小调第一钢琴协奏曲》，由苏联指挥家迪利济也夫指挥上海交响乐团协奏。尽管囿于时代限制，此演出的音效不尽如人意，但吴乐懿在作品里所呈现的细腻和敏感，依旧极好地展现了中国钢琴家的某种特色，以及女性才有的隽永之感，这在以抒情见长的第二乐章中尤为显著。比起同时代的其他同行，吴乐懿尚属幸运，使得我们在缅怀一代大家时，多了一份厚重的遗产。

● 中国唱片上海公司发行的《珍藏吴乐懿》3CD套装

朱工一（1922—1986）：

中国钢琴界的通才

立足钢琴的多面手

朱工一是余姚人，6岁学琴，曾获得上海儿童钢琴比赛第一名，后师从丁善德和意大利钢琴家、指挥家梅百器。1934年起，朱工一从事配乐演奏，并在上海、北京演出。1946年起，出任北平艺术专科学校音乐系副教授。1950年入中央音乐学院，任钢琴系副教授，1979年升为教授。翻开1949年后中央音乐学院钢琴系历任系主任花名册，两位宁波籍钢琴家榜上有名：一位是朱工一，一位是周广仁。1955年，当易开基出任系主任时，宁波籍钢琴家朱工一就任教研室主任。1982年，朱工一代系主任时，系副主任是周广仁。

在音乐修养和才能方面，朱工一可谓通才，他不但是一位杰出的钢琴演奏家和教育家，也是优秀的室内乐导师、交响乐指挥和作曲家。他擅长演奏贝多芬、肖邦作品，惜乎未见其人有录音唱片传世。1983年，他应邀担任比利时伊丽莎白王后国际钢琴比赛评委。他不仅精通钢琴文献，而且熟悉不同历史时期代表作曲家的器乐、声乐和交响乐等各类作品。20世纪50年代初起，他在天津和北京多次举行独奏会，介绍鲜为人知的西方作品及陈培勋的《双飞蝴蝶主题变奏曲》等新作品。他还曾同民主德国和苏联的小提琴家合作演出室内乐。作为指挥家，朱工一曾担任中央音乐学院在中华人民共和国成立初期建立的管弦乐队和民族乐队的指挥，在天津"双周音乐会"上演出过贝多芬《第五交响乐》和王澍《家乡之歌》，也曾同苏联钢琴大师克拉芙琴柯、声乐专家库克琳娜合作演出过。

作为作曲家，他创作有三首钢琴序曲，还同刘诗昆、孙亦林等人共同创作了反映新中国青年一代蓬勃向上之精神面貌的《青年钢琴协奏曲》（后由刘诗昆演奏录制了唱片）。朱工一的作曲始于20世纪40年代，1948年他创作了描写故都风貌的钢琴独奏曲《北平狂想曲》和《b小调前奏曲》（此二曲被编入苏联出版的《中国钢琴曲集》）及交响乐曲《杂感》。1977年，朱工一同储望华合作，创作了以广东海丰地区的渔歌为音调素材，表现年轻一代渔民的劳动、生活、斗争和理想的钢琴协奏曲《南海儿女》。此曲共分三个乐章：第一乐章《春汛出海》用奏鸣曲式写成，描写渔民在朝霞和螺号声中开航驶向浩瀚的南海，夺取春汛的丰收。第二乐章《船头忆苦》吸取海丰渔歌《摇艇歌》的素材，用变奏发展的手法描写老渔工的苦难。第三乐章《保卫海疆》由雄壮的进行曲开始，然后以变奏发展，中间插入一段钢琴的华彩乐段，刻画了南海儿女的宽广胸怀。这个作品于1977年在中央音乐学院礼堂首演（钢琴独奏杨峻，朱工一指挥中央芭蕾舞团交响乐团协奏），受到音乐界普遍的重视，引起了良好反响。1985年，朱工一被聘请为国务院学位委员会第二届学科评议组（艺术学分组）成员。

● 朱工一（右）在上课

● 1959年，朱工一（左一）和刘诗昆合奏《青年钢琴协奏曲》

● 从左至右分别为傅聪、吴祖强、朱工一（1980年摄）

不幸的是，病魔过早地夺走了他的生命。1984年10月，朱工一的直肠癌复发，他意识到时日无多，曾说："还有很多事情没有做，怕是来不及了。"在病榻上，他同时任院党委副书记的潘一飞进行了30多个小时的长谈，讲解自己多年积累的教学经验，希望后人从中获得启发。辞世前一天，他还在同他的学生、时任中央音乐学院钢琴系主任的杨峻教授探讨钢琴的音色问题。1986年1月8日凌晨，朱工一教授与世长辞。吴祖强在追悼会上致悼时说："中国音乐界的一颗巨星陨落了。"当时的媒体曾经这样报道："生命的律动停在了一个不完全终止的和弦上，这是一部'未完成的交响乐'。"

周广仁（1928— ）：

中国钢琴教母

生于北德，长于上海

周广仁，生于德国汉诺威。她的祖父周宗良是宁波人，在上海做买办，1924年成为德孚洋行总代理。当时的外籍经理（旧称大班）格罗门来自汉诺威，两人成莫逆之交，遂促成其子周孝高于同济大学工程系毕业后赴德留学，专攻机械工程博士学位。周氏夫妇在德国生了两个女儿，其中年少者，祖父为其起名为周广仁，取广施仁爱之意，充满典型的中国传统儒家文化色彩，她另有一个德国名字叫乌拉。周家在德国，过的是中产阶级的生活，据周广仁回忆，"祖父喜欢积德行善，要我们踏踏实实做一个有用的好人，认认真真做好每一件小事。父亲为人宽容，人缘极好，母亲在德国学会了家庭主妇的全套礼仪，可以用标准的德语说和写，会游泳、跳交际舞以及弹钢琴"。

● 童年时代的周广仁（左）

● 少女时代的周广仁

1933年，5岁的周广仁随博士学位在身的父亲归国，一家子住在法租界富门路一幢三层楼洋房。因为她中文底子薄弱，父亲只得把她送进德国人开办的威廉皇帝学校。她在这里得到了受惠一生的体能训练，并且在音乐课上接触了德国民歌及古典艺术歌曲。不久，她甚至可以编写一些近乎德国风格的曲调。1938年，父亲为她租了一架钢琴，接着又让她进入丁善德创办的私立上海音乐馆学琴。1941年，音乐馆更名为私立上海音乐专科学校。1943年，15岁的周广仁在私立上海音专六周年校庆音乐会上演奏了莫扎特的《A大调第23号钢琴协奏曲》，一时传为美谈，这首协奏曲后来也成为周广仁毕生的至爱。

二战结束后，散居世界各地的德籍人士被限期遣返国内，在中国做生意的德国人也忙于变卖家产归国。祖父周宗良的好友希尔德布兰特家中有一架布鲁纳大钢琴难以割舍，便找好友帮忙。得到消息的周广仁马上就骑车去了。见面后，希尔德布兰特夫人说弹几首曲子让他们听听。周广仁弹了巴赫的《意大利协奏曲》，又弹了肖邦的一首《叙事曲》。她说："你弹得那么好，这台宝贝钢琴，现在终于可以留在可靠的人手里

● 周广仁与杨秉孙合作的波隆贝斯库《叙事曲》唱片

了。"周广仁说："从此我有了自己的钢琴，这台德国名琴，对我，对中国钢琴事业，都有很大历史功绩。"

尽管父亲周孝高也是音乐爱好者，但是对女儿以钢琴为事业的诉求还是不能认同。"在中国，专业搞音乐是没有饭吃的，你应该好好学习外文，把钢琴作为辅修。如果你业余时间学琴，我供你全部学费；如果你要专业学琴，我就不提供学费。"不料，父亲的态度反而逼出了周广仁的决心："我自己挣钱！"彼时丁善德的私立上海音专已经停办，上海当时最好的钢琴家是工部局交响乐团的前指挥、意大利人梅百器，他的课是5美金一节，这意味着周广仁必须自己也带20个学生才能支付得起。"白天我就骑车到全市给学生上课，只有晚上才能练琴"，这就是周广仁后来戏称的"做自行车运动员"的一年。到1946年梅百器去世，她一共上了44节课。"梅百器先生对我的影响是终身的，跟他学后，我的技术有了很大提高，手指功夫、弹奏方法和阅读识谱能力明显提高，对音乐表现有了新的认识和感受。"1948年，周广仁和上海工部局管弦乐队合作公演了莫扎特《d小调第二十钢琴协奏曲》和肖邦《第一协奏曲》，这是她第一次以演奏家身份登台。

师承谱系，历史缩影

周广仁的师承情况也是中国 20 世纪钢琴史的一个侧影。她的启蒙老师是中国第一代钢琴家钱琪，"钱琪先生对每节课都有非常细致的计划，她给我做标准的示范，让我知道该如何弹，应该注意哪些问题"。进入私立上海音专后，她的老师是中国举办钢琴独奏会第一人丁善德先生，"在丁先生班上学了近四年，在这期间我接触了大量的钢琴文献……我从他身上感受到'教育救国'的精神力量……他的为人和做事风格对我的影响很大"。丁善德赴法以后，周广仁的老师换成梅百器，几乎同一时间，她又跟杨嘉仁学过半年。"当时杨嘉仁先生正好从美国留学回来，他毕业于美国密歇根大学的音乐教育系，从事了几十年的钢琴教学，对中国钢琴教育事业做出了很大的贡献……他有很多现代化的教育观点，他鼓励我教学……杨先生极为重视儿童钢琴学习的兴趣培养，想方设法让孩子们高兴练琴，对弹琴不产生厌倦和逆反心理。"梅百器去世后，周广仁还跟奥地利犹太音乐家马库斯学过。"马库斯先生非常重视培养我的音乐修养，他认为学习那么多练习曲是浪费时间，建议我多弹乐曲。他把不同时代、不同风格的作品都让我熟悉和理解，从古典音乐作品学到现代音乐作品，扩大了我的艺术视野和艺术认知水平。他鼓励我弹奏室内乐，说这是提高艺术修养的重要途径……马库斯与在上海的外国音乐家组成了室内乐团，每周都举办音乐会，马库斯离开上海时，他推荐我顶替他参加演出……让我的伴奏水平有了显著提高。"

马库斯之后，周广仁又跟过李斯特的再传弟子、匈牙利人贝拉·贝拉伊。"当时贝拉·贝拉伊已双目失明，但他拥有扎实的功底，可以极为清晰地分析我弹奏的任何问题。他对双音和八度的训练很有见地，让我天天练习李斯特的八度片段……一年以后，在贝拉·贝拉伊离开中国前，为了表达对老师的感谢，我与另外两位同学在上海兰心大戏院举行了'协奏曲音乐会'，演奏了李斯特和柴可夫斯基的钢琴协奏曲……非常轰动。"这之后，"我又跟随德国犹太音乐家威登堡学习钢琴。他是一个大天才，柏林音乐学院的院长……为了摆脱德国法西斯的迫害，他四处流亡，最后落脚在中国上海……居住在犹太人聚集的虹口区，那时候已经九十岁了，却还得到学生家里上课。威登堡有修养、有学问，但没有祖国和家庭……我向他学习的主要目的就是学习贝多芬奏鸣曲。我非常同情他，把他的学生都集中到我家里，这样他就不用跑来跑去上课。每次学习结束后，我都让他在我家吃饭，然后再让人力车的师傅把他送回家。我向威登堡学了不到一年的时间，他就非常凄惨地去世了"。1955 年，周广仁担任中央乐团钢琴独奏员期间曾到中央音乐学院兼职并随苏联钢琴家塔图良学习，"他在教学中非常精练，话很少，但会经常给我做示范，并且能够很精准地指出我的问题"。

黄金年华，黑暗遭际

新中国成立前夕，上海已然没有了好的钢琴老师，"所以当时上海的音乐会都是我弹伴奏，比如周小燕先生的声乐音乐会、钱学森爱人蒋英女士的声乐音乐会、韩中杰的长笛音乐会、杨秉孙的小提琴音乐会等等。那个年代我每周都在台上，突然变成了大红人"。周广仁虽然形式上考入了中央音乐学院华东分院当教师，但对于留学一直心怀念想。一位跟她合作过室内乐的法国大使馆参赞建议她赴法留学并帮她联系了手续，于是她向院方提出申请。贺绿汀院长回答说："我理解你，但是现在学校的老师走得太多了，我们现在太需要你了。你还是留下来吧，国家会培养你的。"1951 年，周广仁受文化部委派到北京集中，将作为中国艺术

● 20世纪50年代周广仁在北海公园演出

家代表团成员，与小提琴家马思聪，声乐家喻宜萱、郭兰英等一起出访捷克斯洛伐克。这年3月，他们参加了"布拉格之春"音乐节。除了伴奏，周广仁还作为钢琴家演出独奏，作品包括贺绿汀的《牧童短笛》和马思聪的《鼓舞》。回国后，她又马不停蹄地参加中国青年文工团，在团长周巍峙带领下出访东柏林，参加第三届世界青年和平友谊联欢节。在钢琴比赛单元，周广仁凭借一曲《牧童短笛》荣获三等奖，这是新中国钢琴家第一次在国际比赛上得奖，具有里程碑意义。

  这届世界青年和平友谊联欢节对周广仁的最大影响，是使她第一次接触到钢琴演奏的"重量演奏法"。"我在国内学习的演奏法讲究纯手指运动，比如梅·帕契（即梅百器）的方法……钢琴家约瑟夫·迦特对我说：'你演奏得非常好，乐感也很好，但方法是旧的。'我从他那里首次知道了'力度演奏'的概念，就请他给我上课。他给我上了三次课，比如弹巴赫的创意曲，要讲究肩膀、胳膊、手腕各个部位的统一力量……'重量演奏'也是苏联钢琴学派的特长。"1956年，技术精进的周广仁参加

● 1962年赴港澳演出的周广仁（右）与顾圣婴合影

了东德举办的第一届舒曼钢琴比赛，获得第八名。1962年，她又作为"中国青年艺术家演出团"成员到港澳演出，为张丽娟、郭淑珍、施鸿鄂伴奏。这一年，周广仁做了一件对中国当代音乐史带来巨大影响的事情，那就是义务给四川学生但昭义上课，课毕还留他吃饭。当时正值困难时期，常饿肚子的但昭义只有在周广仁老师家里才能吃顿饱饭——40年后，但昭义培养出了陈萨、李云迪和张昊辰。

1957年"反右"，周广仁因丈夫陈子信被划为"右派"而受牵连，被荒谬地"取消中国共产党预备党员资格"长达20年。陈子信原系中央乐团乐队队长，拉小提琴，被文艺界称为"最年轻的老革命"，1968年4月12日因不堪批斗而自杀。"他有胃病，但我从来没有陪他去医院，要是现在，我一定请假陪他……1966年'文化大革命'一来，音乐演奏教学全停了。钢琴也封了，没砸烂就算不错了。整天所谓闹革命哪、学习哪、批判哪、检查哪。我们下放的是一个部队农场……劳动就是改造。当时农场里种的是水稻。田里的稻子在长的过程中，根部需要不停去挠，得拿手去挠。时间长了，手指生痛。知识分子挺聪明，有人拿废铁丝做成爪子形状的，想用它来代替手。不行！说这是逃避劳动，思想改造不彻底，都得用手去挠。结果我的手指就给挠伤了，这只左手从那时起失去了控制。"

1972年，中央五七艺术学校成立，校址设在北京沙河朱辛庄，音乐专业招收了70名学生，都是北京郊区公社一个个挑来的根正苗红的孩子，全部学钢琴。周广仁担任钢琴组组长，算是重返本行，白天教课，晚上编教材。因为彼时外国作品一概禁止演奏，所以周广仁与同组的李其芳等老师采用革命样板戏及革命歌曲音调旋律，先后编了两册《钢琴初级教材》。这两本教材以各种形式翻印再版多次，在全国产生广泛影响。在特殊年代，周广仁及同人们可以说最大限度地延续了钢琴的一线生机，为学习钢琴的人们提供了珍贵的练习依据。

劫后余生，渐入佳境

周广仁真正迎来黄金时代是在1978年，这一年，她在天津、上海、厦门、福州密集地登台演出，像是要把失去的20年抢回来。9月，她在北京推出"储望华钢琴作品音乐会"，这是中国作曲家首次举办个人作品音乐会。1980年，周广仁受美国埃德加·斯诺基金会的邀请赴密苏里大学音乐学院讲学，成为"中国钢琴大使"，并一口气在美国29所大学、32个城市举办了44场独奏会，除了西方经典曲目，另有郭志鸿《新疆舞曲》、王建中《绣金匾》、陈培勋《卖杂货》、汪立三《兰花花》、黎英海《夕阳箫鼓》和她自己创作的《陕北民歌主题变奏曲》等中国作品。它们受到大力推广，并得到美籍匈牙利裔钢琴巨匠莉莉·克劳斯的赞誉。不过厄运也随后而至，1982年5月14日的一场演奏会前，周广仁在搬运一台大型三角钢琴时，右手的无名指被砸断，中指和小指粉碎性骨折。

● 中年时代的周广仁

为她动手术的李延妮大夫说，医院对这类事故的常规处理法是三个指头统统切除，但当她得知伤者是钢琴家时，冒着感染和坏死的风险把周广仁断了的无名指做了修复，但该指比原来短了一个关节，断掉的一截手指的指尖分别安在中指和小指上。一年后，周广仁竟奇迹般地在北大举行了演奏会。

20世纪80年代，中国开始涌现"琴童热"。周广仁感知到这个社会需求，于是在1983年创办了星海青少年钢琴学校，自任校长。学校由北京星海乐器公司和北京二中联办，公司提供20架钢琴，二中提供10间琴房，周广仁召集一批资深老师利用周末授课。为了上课，她甚至学会了驾驶轻便摩托车。星海的第一批琴童里就有逄勃、居觐这样的苗子。后来的"星海杯"比赛更是成为中国琴童登堂入室的最佳平台，郎朗、王羽佳、王笑寒、李晨音、缪宁博、王泃、迟雅林、逄勃、李斯倩、胡博、金文彬、许晨馨、孙嘉言、王淳、黄南淞等均是得益于"星海杯"比赛走向职业生涯的。1988年，星海青少年钢琴学校还借中央音乐学院小演奏厅举办过一场"梁雷钢琴小曲音乐会"，由12位5—10岁的琴童演奏学校里具有作曲天赋的琴童梁雷的 37 首小品，梁雷现在是蜚声海外的中国作曲家。1993 年，周广仁又创办了青岛乐友钢琴学校。

改革开放后，周广仁在国际上得到的认可主要体现在出任各大钢琴赛事的评委，其中最重要者数美国的范·克莱本和英国的利兹国际钢琴比赛。1994 年，她又策划主持了首届中国国际钢琴比赛。不过对于学琴与人生的关系，读者诸君无妨听听周广仁的忠告与感慨——

> 培养孩子学一门艺术类的东西，对他的一生是有好处的，他会通过音乐得到很多乐趣和精神上的温暖。现在有一个误区，好像我们总想通过学一样东西而得到些什么。我们从小学钢琴，就是为了懂音乐、会弹琴，学音乐不要功利，不是为了得第一名，也不是为了得什么奖。原来为了激发大家学音乐的兴趣，我会举办一些比赛，但是现在我对这些比赛不那么热心了，因为随着音乐教育的普及和关注程度的提高，功利的倾向性也越来越强，现在变成了一种"买卖"，感觉一定要从中得到什么好处，这是不健康的现象。不要把获奖看得太重，是否得奖并不重要，更多的是享受音乐和艺术，感知音乐的美，为追求美而学习。
>
> ……
>
> 一个人的一生不是自己策划的，一半是关键时刻做出正确的选择，另一半是历史把你推到那个位置，我的运气算好的，实事求是地讲，我不是天才，我只能承认我是学习努力的好学生……一定历史条件下的人，只能发挥一定的历史作用，只要在各自的历史岗位上尽心竭力，就算是很好地完成了自己的历史任务。我给自己的定位是过渡阶段的人物，最应当发挥的作用是承前启后。

巫漪丽（1930—2019）：

中国最好的钢琴伴奏家

名门之后，中西合璧

巫漪丽的母亲李慧英为北仑李家之后，据2013年4月开馆的李氏家族纪念馆收藏之族谱显示，巫漪丽祖上为李也亭一系。李也亭长孙李书云也就是巫漪丽的外祖父，在清末民初的上海工商界可谓一言九鼎。1905年，他与"状元商人"张謇等人组建沪上首家民办轮船公司——大达轮船公司，随后出巨资与虞洽卿发起创办宁波人的银行——四明银行，还投资创办上海绢丝公司、海州赣丰油饼公司、华通水火保险公司，同时担任中华、劝业、厦门信用等银行及汉口既济水电公司、汉冶萍股份有限公司董事。辛亥起事前，李氏兄弟就加入同盟会。上海光复后，李云书担任江浙联军上海总兵站总监，负责为联军攻打南京供应军需物资。巫漪丽的父亲巫振英则是清华学堂、美国伊利诺伊大学及哥伦比亚

● 儿童时代的巫漪丽

大学高才生,在上海创办中国建设师公会。巫漪丽的长兄巫协宁是圣约翰大学的医学博士,中国著名消化系统疾病治疗专家。小妹巫漪云是复旦大学英文系教授。

1936年,6岁的巫漪丽随舅舅去看好莱坞电影《子夜琴声》,片中男主角所弹的肖邦《幻想即兴曲》竟然令其失眠,"我感觉钢琴是个很美妙的东西,我就跟我妈妈说,我要学,妈妈拗不过我"。于是她便拜梅百器为师,与吴乐懿、朱工一、周广仁、傅聪可谓师出同门。1939年,她获得上海儿童钢琴比赛的第一名。巫漪丽初中就读于上海清心女子中学,入学初,其母即找到校长商谈如何学业练琴两不误,校长恰巧也是乐迷,于是专门为她安排课外辅导。高中时,她上的是培成女中,主要原因是该校是半天制教学,能够保障她有充足时间练琴,"我小时候练琴从没觉得枯燥,也没偷过懒,一弹钢琴就会很开心,这应该是我和钢琴之间的缘分"。

1948年,她与上海工部局交响乐团合作在兰心大戏院演出贝多芬《第一钢琴协奏曲》,引起轰动,遂成为驻团乐手。1954年,她奉调入京,后来成为中央乐团的驻团钢琴家。抗美援朝战争时,她曾加入文工团入朝慰问,她回忆当时的总领队是贺龙,京剧方面有梅兰芳、程砚秋、盖叫天,小提琴及演唱方面有马思聪和周小燕。她给这些人用钢琴弹伴奏,也单独弹了一支中国曲子。那架钢琴是从埋了25米的地底下挖出来的,连琴键都不完整,但她弹得非常投入,志愿军战士热情很高。1959年5月,何占豪、陈钢作曲的小提琴协奏曲《梁山伯与祝英台》(以下简称《梁祝》)首演,某种意义上说,此曲可谓交响音乐民族化的创世纪之举。当时鲜为人知的是,巫漪丽曾经找来总谱,闭关三天三夜,创作出《梁祝》的钢琴改编版,"我对《梁祝》的改编,是一个中西音乐表达手法相糅合的过程,外国听众对它的接受度也很高。世界范围内最知名的中国乐曲,《梁祝》应该算一个。它的旋律确实非常触动人心"。1961年9月,她和丈夫杨秉孙合作演出钢琴和小提琴合奏版的《梁祝》。同场音乐会,巫漪丽还演出了肖邦的《摇篮曲》及《叙事曲第四首》。

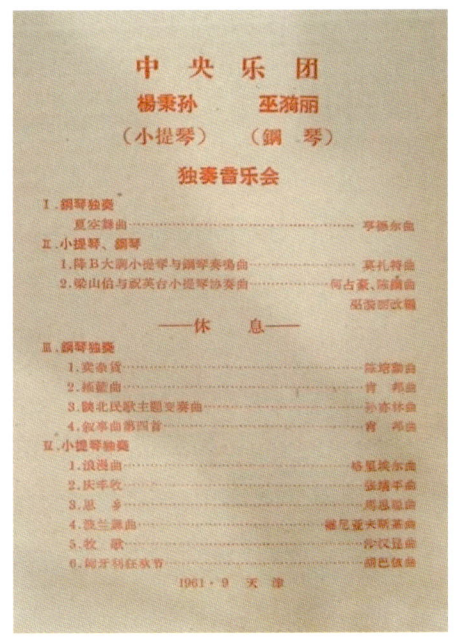

● 1961年巫漪丽和丈夫杨秉孙在天津的合作演奏会曲目单

一生优雅在《梁祝》

关于杨秉孙,本文无妨略作说明。其人为中央乐团第一代小提琴首席,1979 年,在美国小提琴家斯特恩访华纪录片《从毛泽东到莫扎特》(获 1981 年奥斯卡最佳纪录片奖)里曾有出镜。在片中,中央乐团和斯特恩排练合作莫扎特第三协奏曲时,首席位子上的杨秉孙风度儒雅兼做翻译,甚为引人注目,谁承想"文革"时期他曾含冤入狱十年,与巫漪丽被迫离婚……

2017 年 6 月,巫漪丽获得第五届世界杰出华人艺术家大奖,与此同时,传来前夫杨秉孙逝世的消息。她把自己关进琴房独自演奏《梁祝》来表达思念。2018 年 2 月,央视《经典咏流传》节目组邀请远在异国他乡的巫漪丽做一档节目。据主持人撒贝宁称,巫漪丽到北京后要求找一个练琴的地方,她后来在琴房里狠狠练了两天,而这首钢琴版《梁祝》她差不多已经弹了一个甲子。2018 年 8 月,巫漪丽应邀出席宁波北仑钢琴节,再次响起《梁祝》——这已经不是公众意义上的《梁祝》,而是只属于巫漪丽的爱情。此曲一经她手改编,这个古代爱情悲剧就已注定将她从失意中打捞、晾干、重塑并拯救,让她成为真正的蝴蝶夫人,她就这样弹尽一生优雅,人琴俱老。

20 世纪 80 年代中期,巫漪丽退休以后去了美国定居。1993 年,她在旧金山与中国男低音田浩江同台演出。音乐会结束,一位听众要求与她面谈。此人为新加坡女高音苏燕卿,两人一拍即合,苏旋即说服巫漪丽前往新加坡定居教学。"当时我在美国学习到一套新教育法,它要求给听者一种'视像',即用音乐营造出画面感。我愿意将这种教育法付诸实践。于是我答应了苏女士的邀请,就这样去了新加坡。"她带各式各样的成年人弹琴,年龄最大者 90 岁。对于普遍存在的钢琴教育功利化现象,巫漪丽则表示:"为了考级,所要准备的东西太狭窄。学生翻来覆联的巨匠奥伯林。

很多年后,李名强谈到诸位老师里对他影响最大者,非克拉芙琴科莫属,其人为莫斯科音乐学院四大家之一伊贡诺夫的门生,任教于列宁格勒音乐学院,其细腻优雅的风格特别是音色上的匠心带给中国钢琴家们以诸多滋养,顾圣婴、刘诗昆都受其影响。1957年,克拉芙琴科到中央音乐学院的苏联专家班任教授,李名强被上海音乐学院选中派往北京,到她的班上学习,并且在她的指导下为接下来的罗马尼亚埃奈斯库国际音乐比赛钢琴组赛事做准备。在那次比赛中,李名强获得了冠军,这是新中国钢琴家第一次在国际大赛中夺魁,意义重大。这一届比赛的评委都是欧洲乐坛的实力派,评委会主席是罗马尼亚指挥巨匠西尔维斯特里,评委由德国学派重要人物、智利人阿劳,法国作曲家和教育家布朗热,法国钢琴家莫妮卡·哈斯等组成,其阵容不亚于1955年傅聪得第三的华沙肖邦国际钢琴比赛。决赛后,评委布朗热亲自到后台向李名强表示祝贺:"我听过很多大钢琴家弹的李斯特b小调奏鸣曲,但是今晚你的演出让我落泪。"

1960年2月,李名强被文化部派往波兰华沙,参加第六届肖邦国际钢琴比赛,这也是此项久负盛名的赛事在冷战背景下第一次走向真正的国际化(东西交融)。结果,意大利的才俊波利尼夺冠,李名强位居两位苏联选手之后得第四名,为中国人在此项赛事里继傅聪后取得的又一个好成绩。这届赛事的名誉评委会主席是鲁宾斯坦,评委会主席是波兰的杰维茨基教授,副主席是苏联的卡巴列夫斯基,莫斯科音乐学院的涅高兹、苏联钢琴家扎克(第三届冠军)、法国的布朗热、波兰钢琴家马楚任斯基及斯特凡斯卡(第四届冠军)等担任评委。回国后,李名强开始在上海音乐学院任教。

"文革"一关,李名强也未能幸免。尽管李名强在各种采访里谈的多是受迫害,专业中断,进"牛棚",腱鞘炎全靠激素药物"可的松"缓解,但是历史性的污点毕竟无法抹去——据《三联生活周刊》2016年第34

● 李名强从肖邦国际钢琴比赛评委副主席卡巴列夫斯基手中领奖

期《傅雷的傲与烈》一文(作者王丹阳)披露:"1966年8月30日,傅家迎来最后的风声鹤唳……23点多,上海音乐学院的红卫兵来了,领头人是'上音'钢琴系教师、后升'上音'副院长的李名强,他曾是傅聪的琴友,50年代时他还是傅家的座上宾,常去他家听傅聪从波兰寄回来的音乐会唱片。进门就喝道:'傅雷,你的问题很严重!'……抄家持续四天三夜,也让义无再辱的傅雷走上绝路。多年后,李名强曾在香港向媒体记者辩解:红卫兵把袖章给他戴上,'我能不去吗?谁会愿当反革命?'"

录音综述

20世纪60年代,李名强就开始在中国唱片公司录制唱片,目前在国内二手黑胶唱片市场还能见到他演奏的肖邦《即兴曲》和哈恰图良《托卡塔》,但未收入中唱公司近年推出的《珍藏李名强》4CD专辑里,而目前环球公司发行的7CD套装《李名强的钢琴艺术,1958—1982年间录音》可谓迄今所见最齐全的李名强录音集,但仍然未收齐,比如

● 李名强 20 世纪 60 年代录制的肖邦《即兴曲》

香港东方唱片公司发行的曹鹏指挥上海乐团协奏的 1980 年版《黄河》就未收入。此套装内所收的《黄河》是 1972 年陈燮阳指挥上海芭蕾舞团管弦乐团协奏的录音,与 1971 年问世的殷承宗、李德伦、中央乐团的首录版本形成南北呼应之势。在演出的风格把握上,李名强亦避开了一味锋芒毕露的革命性路子,在细节上呈现更多意趣。彼时的上海,除了李名强,尚有尤大淳、许斐平可以在《黄河》上与他一争高下,也见出南派钢琴家的整体厚度。

中唱公司 4CD 装和环球公司 7CD 装曲目略有出入,前者所含之贝多芬第八、第十四奏鸣曲,肖邦第二奏鸣曲等属于独占文献,这些都是 1961—1963 年间在中国唱片上海公司录制的,而后者所含之贝多芬《第三十一号钢琴奏鸣曲》、李斯特《b 小调奏鸣曲》、肖邦《第一叙事曲》、舒伯特《第十五号钢琴奏鸣曲》及勃拉姆斯的一组小品,也是首度面世。从他这一代国内生活的钢琴家存世的录音来看,李名强无疑在数量、质量及国际关注度上均属第一位。他们身处特殊年月，一切受政治制约，中国艺术家的录音意识集体欠缺，迄今难说有真正的录音工业与唱片文化。而他演奏最显著的特色是音色掌控，他的音量不算浑厚，但音色透彻清凉，有中国钢琴家里少见的雅趣，辅之以他对作品的结构把握，其演奏无不呈现严谨和生动的辉映。

李名强的录音里，数量最可观的是贝多芬。奏鸣曲里，以第三十一号（录音时间20世纪80年代）质量最高。录音音效的进步令此曲细节绽放见微知著，慢板乐章尽管速度稍快，但整体气象格局不凡。对于贝多芬的《第三协奏曲》，李名强留下两件录音：一是1958年，埃德加·科斯马指挥罗马尼亚电影交响乐团伴奏（李名强在埃奈斯库比赛得奖后在当地所录）；一是1959年，东德指挥家邦加茨率德累斯顿爱乐乐团访华演出时与李名强的合作。两件录音，均可闻见其演奏里举重若轻的沉着及快刀斩乱麻的利落，可以说他在艺术生涯的早期就显露出处理大作品的能力。1982年，李名强重返罗马尼亚，与约希夫·孔塔指挥的罗马尼亚广播电视交响乐团合作录制了贝多芬的《降E大调第五钢琴协奏曲》。以分量吃重的首乐章而论，他在气势惊人的能量传送中，兼顾了乐句架构的内在呼吸，轻重缓急拿捏，有登高远望的气魄。此前一年，李名强还与埃米尔·西蒙指挥的摩尔多瓦爱乐乐团合作留下一版莫扎特第二十七钢琴协奏曲录音，虽未见完全传达莫扎特晚期作品内的告别心境，但毕竟是中国钢琴家首度与欧洲乐团合作奉献维也纳古典乐派的重头戏，其在中国钢琴史上之文献意义足以傲人。

李名强演奏的李斯特b小调奏鸣曲（录音时间20世纪80年代），在大规模的动荡激越之中，保持住泰山崩于前而不变色的姿态，且音色上始终如一的璀璨灵动，令人叹为观止。他的肖邦，目前已有1960年华沙比赛录音发行，笔者尚未有缘得闻，但环球版所收的前五首波兰舞曲足以显露华沙肖邦国际钢琴比赛第四的实力。这组曲目也是尽显舒曼

● 李名强1980年版《黄河》黑胶

● 李名强1982年版贝多芬降E大调第五钢琴协奏曲的罗马尼亚录音唱片

● 环球公司发行的《李名强的钢琴艺术》7CD 套装

之谓肖邦"花丛中的大炮"本色的一部分：李名强的强奏和细微处的交织相当抢眼——其实上海钢琴家里，另有顾圣婴专擅传递肖邦敏感高洁的一面，何况还有傅聪。可惜造化弄人，未见李名强进一步留下大规模的肖邦录音。

环球公司的套装里，另有部分中国作品，都是 1984 年中唱公司的录音，计有贺绿汀钢琴曲五首（含《牧童短笛》等）、丁善德《中国民歌主题变奏曲》和三首《序曲》、王建忠《云南民歌五首》。贺绿汀的《牧童短笛》共有两件录音收录在该 CD 中，一件是李名强于 1962 年 2 月 22 日的录音，但音效所限，还是 1984 年重录版的比较出彩。这也是中国钢琴家演奏这首百年珍品的最高成就，其基于出众的技术而玉成的水墨写意般的听觉造型，实在难以复制，不妨就让这一个赞美留存于本文文末。尽管人无完人，但每当笔者听到李名强的《牧童短笛》，一幅仅属于宁波乡间的江南意境图便在眼前渐渐清晰。

洪　腾（1937— ）：

我只会弹琴和教琴

当年明月

洪腾，生于慈溪。

2015年12月，洪腾从洛杉矶重返祖国，在杭州、厦门、上海分别举行了三场演奏会。为何选择这三个城市？因为杭州是她出生地的省会，厦门是她先生的故乡，上海则是她学习、工作过的城市，但她总归是宁波人。1951年夏，洪腾小学毕业后考入由宋庆龄创办的中国福利会儿童艺术剧院，师从宁波籍钢琴家巫漪丽教授。1957年9月，她考入上海音乐学院钢琴系，师从范继森教授。毕业后，留校成为范教授的助教，并逐步成为上海音乐学院最出名的钢琴教授。1981年，她的弟子、16岁的李坚（宁波籍小提琴家俞丽拿之子）因为演奏拉威尔的钢琴协奏曲夺得法国玛格丽特·隆国际钢琴比赛亚军。这是改革开放初期，中国

● 洪腾（中）与学生李坚（左）

在西方音乐比赛里取得的最傲人成绩。

  洪腾从儿童艺术剧院时期起就涉猎舞蹈、绘画、文学、戏剧，广泛吸取营养。她说："艺术有共性，但更要有个性。要形成个人的演奏风格，就涉及文学修养，这是范先生反复强调的。"1961年，本科四年级的洪腾代表中国参加罗马尼亚乔治·埃乃斯库国际钢琴比赛并夺得第三名（第一名空缺）。这一届比赛，中国另一位女钢琴家鲍蕙荞获得第五名。英国《音乐与音乐家》杂志（1962年第1期）刊登的评论含有如下一句话："评委将第三名颁给来自上海的优秀青年女钢琴家洪腾，她的触键优美精致、乐感真挚，令人惊叹。"罗马尼亚获奖当年的10月14日，洪腾在北京音乐厅举办汇报表演音乐会。中央音乐学院钢琴系主任易开基曾经在《人民音乐》上发表乐评《洪腾、鲍蕙荞钢琴独奏会听后》，文中有关段落为目前仅有之洪腾演奏之专业视角评判，殊为珍贵：

洪腾演奏的优点是朴素、内在、细致、深刻，音乐表现比较理智而有分寸，手指干净利落，音色优美，节奏准确，力度对比鲜明，处理古典作品较好，我很喜欢她弹奏的莫扎特D大调奏鸣曲，尤其是二、三乐章。她很好地掌握了莫扎特的音乐风格，充分地表现了莫扎特音乐的歌唱性，令人满意地奏出了乐曲中许多非常富有表情的走句，以及第三乐章中富有生活风俗性的音乐形象。

师生一场

"我别的事不会做，只会弹琴与教琴。"洪腾为人低调，她说自己只想做到"称职"。作为钢琴家，洪腾先天条件不佳，手偏小，她曾为此苦

● 1961年10月25日《新民晚报》刊登洪腾等载誉回国的消息

● 洪腾1979年演奏会说明书

恼："父母给了我一双不是很大的手，我虽可以够到九度，但要突出八度技巧的亮度，我是欠缺的。"所幸她有一颗感悟力较强的心，用心演奏，掌握乐章的灵魂和乐句的走向，这也成了她习惯去思考、去控制自己、去投入乐曲中的关键。1983年，洪腾应邀担任法国巴黎国际钢琴比赛评委，4年后又担任美国亚拉巴马州国际音乐节钢琴比赛评委，并举办独奏会与讲学，同年定居洛杉矶，后一直从事钢琴教学。

　　本文部分资料由定居洛杉矶的章杰民先生提供，章先生与洪腾是相识50年之久的好友。据章先生说，洪腾是"文革"后上海音乐学院第一位举办独奏会的钢琴教师，尽管演出次数有限，说明书还是油印的，但是曲目单里显示，洪腾对西班牙作曲家阿尔贝尼斯的作品较为拿手，这也是中国钢琴家们不太注重的领域，可惜迄今未见洪腾有唱片传世。为写本书，笔者跟章先生常常联系，如下文字来自微信，或可见出钢琴家较私密且生动可贵的另一面——

　　　　洪腾进"上音"之前，迷施纳贝尔（奥地利钢琴家，被视为20世纪贝多芬圣手）迷得不得了，说古典音乐的钢琴家至今还是最喜欢施纳贝尔。我之前只知道她喜欢霍洛维兹（美籍乌克兰钢琴家）。我们"文革"时相识，那时她一个私人学生是我家很亲近的朋友。她哥哥是我发小，在她家遇到多次，后来和我关系亦好。我们两家之后还涉及些家事，常来往。她为出国的一些准备工作我也有帮忙的，我出国后，女儿也是由她教琴，但因太熟，上课时总喜与我聊天，后来我们便转去另外一个美国老师处……记得1987年中央乐团访美，已在科蒂斯音乐学院上课的李坚与之合作，仍弹拉威尔钢琴协奏曲。在芝加哥演出后，李半夜打电话给我，说自己在台上一边弹一边想起随洪习琴的种种，泪从眼中流出……

应诗真（1937— ）：

钢琴是诗亦是真

根在钱湖下应

应诗真，鄞县人，5岁学琴，少年时师从宁波籍钢琴家朱工一。1960年毕业于中央音乐学院钢琴系，后留校任教。1978年起在国内多地举办独奏音乐会，著有《钢琴教学法》（人民音乐出版社1990年初版，2007年再版）。此书为目前最流行之中国人执笔的钢琴教学参考书，以笔者之见，书中第四章《钢琴演奏的技术训练》和第七章《音乐风格的表现》尤其值得习琴者反复研读并实践体会。20世纪90年代，应诗真退休后与丈夫潘一鸣旅居新加坡，为南洋音乐学院资深教授。

2017年10月，参加音乐宁波帮大会的应诗真回鄞州区下应街道寻根。"我是非典型宁波人，爷爷早年从下应到上海，在沪江大学担任校医，我出生在上海，生长在天津，但我从小知道我是鄞县人。"20世纪

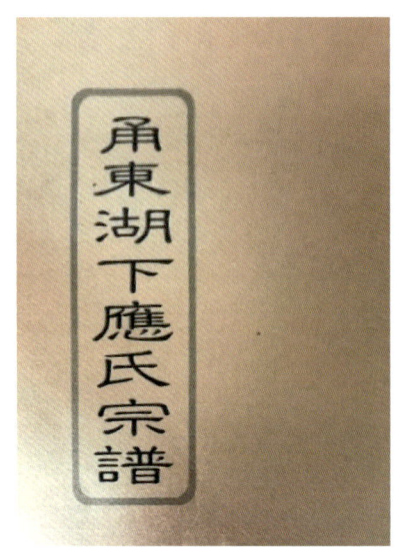

● 应诗真著《钢琴教学法》　　● 《甬东湖下应氏宗谱》

80年代,应诗真的父亲曾回下应河东村寻根,并与一些亲族团聚过。若干年前,应诗真的弟弟再次返乡,不料物是人非,令人感慨。2017年,应诗真以宁波籍音乐家身份重归故里,鄞州区有关部门请熟悉村史的应正芳老人提供1947年修订的《甬东湖下应氏宗谱》供应诗真查阅。"宗谱上有爷爷名字,有父母名字,也有我们兄妹5人的名字,80岁的我终于找到了自己的根,太激动了。"

与同时代的中国钢琴家一样,应诗真留下的录音寥寥,因而很难凭借唱片资料来勾勒她作为钢琴家的成就体系。就笔者的收藏视野观之,应诗真的录音几乎均与丈夫潘一鸣合作出版,且潘一鸣的演奏占据多数,应诗真的演奏往往处于补白位置,唯一由应诗真全部完成的声像资料是20世纪80年代初期由人民音乐出版社发行的磁带《库劳、克列门蒂、杜舍克钢琴小奏鸣曲集》。三位作曲家分别来自18、19世纪之交的德国、意大利、捷克,但不能算是重要作曲家,其作品对巴洛克至古典

● 应诗真演奏的《库劳、克列门蒂、杜舍克钢琴小奏鸣曲集》

主义时期键盘奏鸣曲形式的形成均产生过一定影响，但更多在指法练习方面具有独特价值。应诗真的演出更多强调的是一种示范，以供教学参考，所以对声部的清澈和逻辑脉络方面较为着力，她的风格似乎也更多侧重于对古典主义风格均衡细腻的呈现。

另一张是20世纪80年代初由中国唱片公司发行的红色薄膜唱片，为中国现代作品专辑，也是潘、应夫妻档的作品。其中应诗真演奏的是作曲家黄虎威的《巴蜀之画》，风格上多立足于写意泼墨的音响构建，吻合她演奏里诗意和简约兼顾之风。潘、应组合流传最广的唱片，则是中国唱片公司发行于改革开放之初的一张黑胶，标题为《月光奏鸣曲》，应诗真的演奏内容在B面，曲目是德国作曲家舒曼的《蝴蝶》及挪威作曲家格里格的《A大调挪威舞曲》。《蝴蝶》是舒曼所写的内容自由、不分乐章的钢琴套曲。此曲与蝴蝶的外形并无关联，而是脱胎自让·保罗的小说《风华正茂》，描写其中的舞会场面，表现不同人物的个性气质，结尾是高音区连续六响 A 音,代表黎明的钟声,宣告舞会结束,因而音乐内部其实是叙事、描绘及抒情因素并存。应诗真的演奏细腻而灵动,不同人物出场,力度、层次关键的色彩处理迥然相异,令人赞叹。这个演出本身,无妨视为应诗真演奏之基于文学立场的一份见证。

● 应诗真和潘一鸣合作的黑胶唱片

李 坚（1965— ）：

中国最强"音二代"

名门之后

李坚，生于上海，因为母亲俞丽拿原籍鄞县，所以按照惯例，李坚也是宁波人无疑。

李坚6岁时很自然地跟母亲学小提琴，但同时跟洪腾学钢琴，到了必须二选一时，李坚自己选了钢琴，理由竟是——拉小提琴要站着，演奏钢琴可以坐着，舒服。李坚从儿童时期到进入上海音乐学院前后一共10年，都是洪腾的学生。12岁时，他举办了首次正式独奏会。1981年，16岁的李坚在巴黎参加玛格丽特·隆国际钢琴比赛获得第二名，于是名声大噪，开始在欧洲各地举行独奏会，并被选中在卡特总统访华的欢迎仪式上演奏。1987年，李坚随中央乐团在美国30个城市举行巡演。1989年，李坚成为第一位获准访问台湾的大陆音乐家，在台北等6

● 李坚幼时与母亲合影

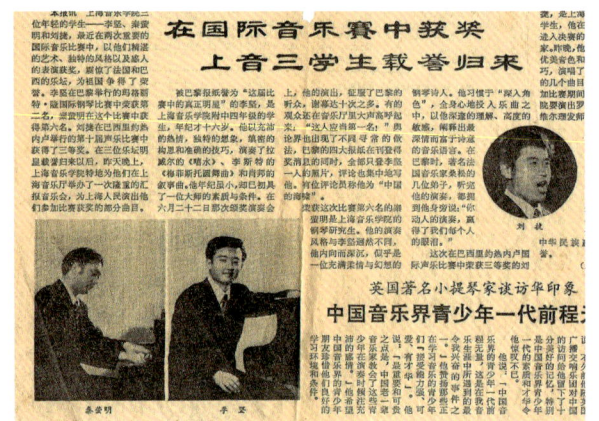

● 1981年李坚巴黎得奖时的国内报道

个城市演出。20世纪90年代至今,李坚成为在欧美国家一流舞台上演出最频繁的"60后"中国钢琴家。

在巴黎取得玛格丽特·隆国际钢琴比赛奖项之后,法国政府提供一笔奖学金,使他能够在巴黎音乐学院随皮埃尔·萨刚深造。1985年,他进入钢琴独奏家的摇篮费城柯蒂斯音乐学院继续深造,师从年过九旬的波兰裔钢琴巨匠霍尔绍夫斯基(1892—1993)。霍氏幼年曾拜在莱舍蒂茨基的门下,莱氏的老师就是贝多芬的学生车尔尼。这样,李坚可

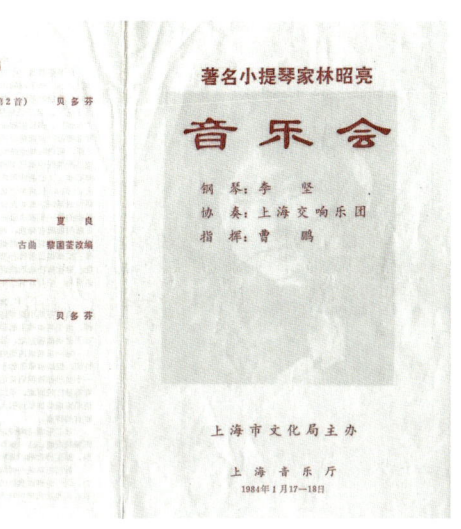

● 1984年李坚和台湾小提琴家林昭亮合作的音乐会节目单

以说是贝多芬的五传弟子,这层师承渊源的意义,可谓非同凡响。2009年起,李坚成为母校上海音乐学院钢琴系主任。作为教师的李坚曾豁达地表示:"我在上课时会尽量不打断学生,不把自己当钢琴老师。在艺术面前应该是人人平等的,没有学生和老师、前代和后代的关系。到了一定年纪,学生就会变成老师,我们都应该意识到这一点。"

2018年12月18日,李坚在上海宣布启动为期两年的贝多芬钢琴奏鸣曲独奏音乐会全国巡演计划。2019—2020年间,李坚在各大城市以连续四晚的马拉松式演奏,来完成乐圣的全套奏鸣曲,以表达一个中国钢琴家的敬意,纪念贝多芬250周年诞辰。这种方式,历史上仅有少量钢琴家尝试过。李坚表示,自己将回归乐谱,追溯贝多芬精神力量的源头,"以最纯粹的心灵与乐圣对话,而不是跟随那些传奇故事和别人的表述","贝多芬是我心中的神,我用弹奏贝多芬全部32首钢琴奏鸣曲的方式来向他致敬。音乐是技巧,是感官,更是灵魂,耳聋的贝多芬扼住命运的咽喉,写出了那么多旷世奇作,正是他给了我勇气和力量去尝试。能现场完整地呈现这些作品对我是个巨大的挑战。这一次,我用灵魂去致敬!"2019 年 11 月 29 日,李坚在故乡的保利剧院完成贝多芬全套钢琴奏鸣曲第四晚的演出,这套钢琴文献的"新约圣经"的宁波版首演大功告成!

跟世上不少杰出的钢琴家一样,李坚还涉足指挥领域。作为美国新泽西州州立歌剧院的指挥,李坚曾指挥多部歌剧,诸如威尔第的《阿依达》和《麦克白》、乔尔达诺的《安德烈·谢尼埃》、普契尼的《蝴蝶夫人》、马斯卡尼的《乡村骑士》和莱昂卡瓦洛的《丑角》。2000 年 11 月,李坚参与制作的《阿依达》在上海八万人体育场成功上演。2002 年,他在日本名古屋成功地指挥了德国作曲家汉佩丁克的歌剧《汉赛欧与格拉太尔》。唱片录音里,李坚还曾指挥英国广播公司音乐会管弦乐团和母亲俞丽拿合作了一版意义非凡的《梁祝》。他从巴黎载誉归来不久,就在中国唱片上海公司录制过一张黑胶唱片《勃拉姆斯:F 小调钢琴奏鸣曲》,目前在二手市场成为藏家争抢之物。中国钢琴家都有一张《黄河》存世,李坚的唱片,合作者是汤沐海和柏林广播交响乐团,明眼人一望便知,这是《黄河》史上最强录音阵容——这版《黄河》,结尾部分高

李坚巴黎得奖归来后录制的黑胶唱片

潮，用了原始版里的《我们看见了河岸》主题，一扫作品被时代、政治绑架的阴霾。

肺腑之言

作为上海音乐学院钢琴系主任，李坚有着自己的眼光，并勇于表达，所以本文的第二部分索性摘抄了2016年他接受媒体采访时的一席感言：

> 我要求钢琴系每个教师每年都应该办一场音乐会，我甚至要求他们每年的年度考核当中都要有一场音乐会，很多老师对此也都很支持，我们有太多"会弹不会教，会教不会弹"的"延安窑洞派"嫡传名师，有的自己声称自己为"钢琴冠军教练""金牌教练""中国钢琴泰斗"，一辈子都没进过科班学习，就到中央音乐学院进修几天，依仗着深圳政府大量金钱，轮番请世界最高水平的钢琴大师回来给个别两个尖子学生教学，最后才获得了著名国际钢琴大赛冠军，就成了大师了。事实上从来没有人听过或看过他们弹琴。他们也该消停一下了，把舞台让给我们这一代科班，既能写论文，又能上台演奏的新一代。很多"泰斗"都70、80甚至90岁了，还在那里指手画脚，占据着重要位置，让一代文武双全的年轻艺术家和教师连站的位置都没有。时代过去了，希望你们这些"泰斗"尽早回家安度晚年吧。这是一个硬性规定，但这是一个很好的规定，没有理由被否定，被否定还是因为有太多上不了台弹琴的"名师""泰斗"，怕上台露馅丢脸。我们必须坚持这个上台检验原则，让那些"南郭先生"尽早知难而退，把应有的位置让出来给新一代的人。
>
> 钢琴教育到底是搞理论还是教表演呢？我认为，钢琴是一门表演艺术，我们培养的学生是要搞表演的，如果一门心思钻

研理论，我们培养出来的学生以后是不是就专门搞教育了？上海音乐学院难道要变成上海音乐理论学院吗？我们在学术界也有摩擦，我甚至在公开场合听到过有人说，学校是个学府，所以每个老师必须会写论文。但在钢琴界里面，在美国拿到博士学位的，基本都不会弹琴，会弹钢琴的可能本科都没有毕业。就拿郎朗、王羽佳来说，他们在全球都是著名的演奏家，但可能根本不会写论文，我并非贬低他们，但如果说我们是学府就必须写论文，这个说法是非常不对的。你"窑洞派"就会拍马屁，写论文有什么用？那你敢弹个琴给大家看看吗？你自己都不会弹琴，你的冠军学生真的是你教出来的吗？没有国外大师帮助，你能教出这样的学生？对一个音乐家来说，音乐会就是我们的论文——我们准备了一年，弹出来的每一个音符都是我们的学术成果。音乐是一门国际语言，但学术论文受到语言限制。别人看不懂我们写的中文论文，但是他们能听懂我们弹的音乐。

上海音乐学院钢琴系、管弦系、声乐歌剧系，再加上民乐系，都是搞表演的，都要在舞台上呈现的。在维也纳音乐学院里，没有人搞理论，搞理论的人都在大学里，而我们是将这两部分合起来了。但上海音乐学院不应该这样，应该把表演放在第一位，否则我们很可能会"葬身"在只会用嘴巴说和搞理论的人手里。

现代有很多杂事可能会分散注意力，还有就是现代人受的教育太多了，反倒不相信自己的直觉。但直觉是我们的原创力，我们应该更重视"我们觉得是怎么样的"，而不是"书本上写的是怎么样的"。每个人都有直觉，我们经常会忘了我们是一个动物，本能是非常重要的，我们必须要相信这一点。

声乐篇

应尚能（1902—1973）：

中国声乐教育先行者

学在美利坚

应尚能，祖籍奉化，生于南京，年幼时在私塾系统地接受古文、诗词训练。1917年，作为插班生考入清华学堂留美预备班，他对于音乐的爱好主要是在清华培养的。当时校内有唱诗班，由美籍教师施丽指导，应尚能与高一届的黄自参加了军乐队，并常常一展歌喉，以清华园内的"滑稽歌者"而闻名。

1923年8月17日，应尚能以官派身份来到美国密歇根州大学所在地安娜堡，因为该校没有音乐方面的专业，他只好选择机械工程专业，后以理学学士学位结业。据到该校实地调查的学者韩国镇所著《留美三乐人——黄自·谭小麟·应尚能留美资料专辑》（台湾时报文化出版企业有限公司1990年出版）一书披露，应尚能入学"第一年因总成绩只有 2.0 而被退学，他的第二年学习生涯应该是在俄亥俄州春田镇的安提欧克学院度过的，因为这一年他的资料全付阙如，而总成绩单上却有从安校转来的学分，这以后他获准复学，一帆风顺地念到 1927 年 6 月毕业，此后以半工半读形式继续留在密大"。

不过 1929 年前，密大并无音乐学院，只有一个叫"大学音乐社"的组织，应尚能便在此学习。这个组织自有其权威性，有自己的教育大楼及硕士学位颁发资格，应尚能即在此获得声乐学士学位。除此以外，他还修了意大利语、德语等声乐必备语言类课程，这些经历为他日后教学及语言对比研究打下了扎实基础。他还参加了校铜管乐队并担任长号手，以及校合唱队里的第二低音声部。毕业后，他还去教堂担任过唱诗班的独唱，并在一些城市举办过独唱音乐会，虽然具体时间已不可考，但他无疑是最早在国外开音乐会的华人。

歌者的行吟

应尚能于 1930 年 5 月回国，经黄自引荐与上海国立音专创始人萧友梅会晤，后者邀请他去校内举办一场以欧洲传统唱法演唱的独唱音乐会。据记载，这也是国内最早举办的个人独唱音乐会，惜乎具体时日已不可考。翌年，萧友梅亲自登门拜访，邀请应尚能到音专教授声乐课程并进行乐理、合唱、视唱练耳课程的教学。后应尚能与周淑安、赵梅伯等共事，培养了中国第一代欧洲传统唱法的声乐专业人士，诸如斯义桂、蔡绍序等。在教学中，他较多地采用萧友梅、黄自、赵元任等人作品，又觉得中国作品拓展尚难构成体系，于是走上摸索用西方技法来写作中国歌曲的路子。不久后，他谱曲的《寄相思》《怀疑之梦》《鸡叫》《快活歌》《秋夜》《摇船歌》《吊吴淞》等被编入他与黄自、韦瀚章等人合编的《复兴初级中国音乐教科书》里，这些作品还被收入商务印书馆 1935 年

● 应尚能演唱的舒伯特《小夜曲》的唱片

出版的《创作歌集》和《燕语》，当时这两本歌谱以上海国立音专学校丛书的形式出版。鉴于当时国内乐理研究的严谨性和内容选择上存在缺陷，他又开始编写音乐基础理论教材《乐学纲要》，系统介绍欧洲传统乐理内容。

与此同时，应尚能频繁地在各地举办独唱音乐会，推广中外艺术歌曲的同时将这种音乐表演形制推向全国。1932年10月，他在上海国立音专举办中外作品独唱音乐会，并指挥黄自的清唱剧《长恨歌》的首演。1934年7月，他与满谦子、戴翠伦、丁善德等在南宁举办广西最早的音乐会。1934年10月，上海国立音专又在新亚大酒店举办音专师生精华演出的"本校教员音乐会"，应尚能参与了该场音乐会的下半场演出，独唱四首舒伯特艺术歌曲。同年12月，他们又去大夏大学礼堂举办音乐会。翌年7月4日，又在同一地点，应尚能以独唱《不屈之士》《吊吴淞》参与了这场名为"本国作曲家作品"的专场音乐会。1937年4月12日晚，北平国民大会堂举办了"教育部第二届全国美术展览会邀请音乐会"，这是沦陷前上海国立音专举办的最后一场音乐会，应尚能也参加了独唱部分节目。这年，他还在天津维斯理堂、北平清华大学、北平协和礼堂以及杭州举办了个人音乐会。

开山拓路，步履不停

1938年，应尚能经武汉辗转重庆，出任国民政府教育部音乐教育委员会驻会委员并兼任秘书，重庆成为他开展音乐事业的第二个根据地。这个时期，他曾经发表一篇题为《发展音乐教育之我见》的文章，认为抗战时期正是应该大力宣传好的爱国歌曲来激发民族情怀的时期，因此他带领由国民政府教育部20余人组成的实验巡回歌咏团到各地进行演出。他既当团长，又当指挥，还参与个人独唱，唱响《请告诉我》《国殇》等自己创作的爱国歌曲，又在重庆街头举行"千人大合唱""陪都音乐月"等活动期间演出了他的《国旗歌》《拉纤行》《天下为公》等曲目。1939年秋，重庆国民政府提出建立国立音乐学院的倡议。应尚能与顾毓琇、戴粹伦、胡彦久等组成筹备委员会，选定青木关为院址，应尚能被委任为教务主任并担任声乐教授。然而令人意外的是，翌年国立音乐学院竟然把他解聘了，理由至今未详。据应尚能之女应锡音的回忆，是因为他拒绝了教育部部长邀请他为美国总统特使演唱的提议。这之后，应尚能便来到四川江安国立戏剧专科学校（校长为"国剧运动"先驱余上沅）任教，并任乐剧系主任。在这个被称为"中国戏剧的摇篮"的地方，他对声乐产生了新的思考，简言之，即在教学中根据戏剧语言的特点，结合欧洲传统唱法，整理出一套话剧演员的嗓音训练法。这套办法，就是他日后的理论专著《以字行腔》的早期实践。

1941年，应尚能应浙江大学校长竺可桢之约，为浙大校歌谱曲。彼时浙大已西迁贵州一带，并于此办学7年。此歌歌词为马一浮先生执笔,竺可桢校长后来专门叙说校歌之诞生,据《国立浙江大学校刊》复刊第102期《总理纪念周·竺校长训话》一文记载:"十一月十七日,竺校长因公在湄,当主持该日湄潭本校第一次总理纪念周,并即席训话。略谓本校渴望有校歌者,积四年之久,后得马一浮先生制词,以陈义过高,更请其另作校歌释词一篇。然词高难谱,直至今春始获国立音乐院代制歌谱焉。考校歌为一校精神之所附丽,其有严肃性可知,故学生必善歌之,即至毕业离校,二三校友晤对时,亦可于引吭唱和中,依稀前事,永忆弗谖也。"

不久,四川璧山国立社会教育学院成立音乐系,校长陈礼江聘请应尚能为声乐教授。这所学校抗战胜利后迁往苏州。他于1946—1951年间在沪江大学也兼得一份教职,同时往返于苏州和上海,推广其音乐理想。

● 《应尚能音乐论著及作品选集》

20世纪50年代初期，全国高校院系大调整，新成立的华东师范大学将沪江大学音乐系并入。1956年，华师大音乐系又并入北师大音乐系，并成立北京艺术师范学院，应尚能便到北京安家，同时兼做上海音乐学院声乐课程教授。1958年，他在中央音乐学院发起的黄自逝世20周年活动期间举办黄自歌曲独唱音乐会，由中央人民广播电台录音，这也是应尚能传世的最珍贵的声音文献，目前有CD发行。1962年，应尚能举办"告别舞台音乐会"。1964年，北京艺术师范学院停办，原班人马和其他方面的资源共同筹建中国音乐学院。可以说，他这一生在探求声乐民族化的过程里，也见证了中国音乐教育史的变迁。

遗产清单，不负苍天

关于应尚能先生"文革"期间的史实，无妨参考当时与他保持密切关系的浙大1963届化工系毕业的吴正佑所写的《最后岁月——浙大校歌谱曲者应尚能教授的故事》一文：

> 1970年5月20日应尚能随文化部五七干校到天津军粮城劳动。1972年，嫂嫂告诉我："爸爸在五七干校劳动时发现大便出血了。"……爸爸向工宣队请假，要求回到北京看病，工宣队不同意。1972年10月26日在五七干校劳动时应尚能昏迷不醒、不省人事，才将他送到北京积水潭医院，直肠癌动手术、放疗、化疗。
>
> 1971年9月中华人民共和国恢复在联合国的合法地位，在联合国总部工作的中国雇员原先是中国台湾推荐的，现在是中国大陆推荐的。他们说对大陆情况不太了解，要求到国内访问考察，外交部报到中央，周总理立即批准同意。其中有一位

应家的亲戚,她想见见应尚才(北方交通大学教授、火车头设计制造专业,获茅以升奖)和应尚能(中国音乐学院教授)。机缘巧合之下才恢复应尚能的二级教授、补发工资,并用最好的医疗给其治疗。在亲戚到病房之前,刚巧给应教授输完了血,精神面貌好多了,两人已经有几十年没有见面,悲喜交加,用快照相机照了相,几分钟后相片就出来了,当时国内还没有这种一次成像的相机呢……

1973年11月22日那天刚巧是西方的感恩节,应尚能教授在积水潭医院去世,享年71岁。当时联合国总部的雇员访问团正在广州参观。因为应尚能是二级教授,按"文化大革命"以前的常理,他的骨灰盒是可以放进八宝山革命公墓的,但工宣队不同意,应家与之争论一段时候,不成。1983年中国音乐学院才正式为应尚能教授平反,1984年当他的二哥应尚才去世,他们俩的骨灰盒才一起放进了八宝山革命公墓。这样总算是盖棺论定了。

应尚能的遗产大致如下——创作歌曲、合唱曲和练声曲等150多首,歌曲《吊吴淞》《我侬词》《无衣》《带镣行》《夜歌》和合唱曲《请你告诉我》等,曾被艺术院校选入声乐教材。已出版的有《创作歌集》(商务印书馆1935年版)、《燕语》(商务印书馆1935年版)、《国殇》(上海音乐出版社1945年版)和《荆轲插曲》(咏葵乐谱刊印社1940年版)等歌集,并著有音乐基本理论教材《乐学纲要》(商务印书馆1935年版)。"文革"时期,他曾七易其稿,写成《以字行腔》(人民音乐出版社1981年版)一书。此书是应先生根据自己研究西洋音乐的心得,对民歌、单弦、大鼓等民族民间声乐艺术进行归纳分析,又悉心研究了汉字的发声特点,结合教学实践经验而写成的。不但对正在学习和研究声乐的青年学生有益，而且对从事声乐教育的老师也有参考作用。另有中国音乐家音像出版社发行的题为《应尚能独唱音乐会》的CD，收录应先生用男中音演唱的16首歌曲的录音，具体曲目为《菩提树》《无衣》《花非花》《睡狮》《西风的话》《思乡》《点绛唇·赋登楼》《刨洋芋》《花间》《种花》《植树》《热血歌》《雨后西湖》《赠前敌将士》《九一八》《燕语》。

● 应尚能著《以字行腔》

赵梅伯（1905—1999）：

一部活的中国声乐史

生于奉化，长于上海

赵梅伯之父赵筱山毕业于上海圣约翰大学，供职于邮政局，平素爱唱京戏，善拉京胡。赵梅伯幼时耳濡目染，亦善吹拉弹唱。因为念过私塾，故对中国传统文化浸染亦深。中学时接触美国黑人灵歌及教堂赞美歌，还是体育健将，网球、田径尤具实力。他所在的豫章中学有星期日唱诗班，他为指挥汤普森女士所赏识，很快被训练成一名校园歌手。因为父亲工作调动，赵梅伯随父到宁波，进入英国循道公会所办的斐迪中学。校长贝兹赞赏其歌唱天赋，多次亲自为其伴奏。少年时代，赵梅伯因歌唱与体育的特长，领受诸多荣耀。

1921年，赵梅伯考入沪江大学，在新生晚会上放声歌唱，得该校外籍教授安德森博士赏识。他安排赵梅伯向到访上海的英国歌剧名角凯夫求教，凯夫减免一半学费专门为其授课。此后，赵梅伯走音乐之路的决心日益坚定，但其父反对之意亦日渐尖锐，并闹到断绝他学费的地步。无奈之下，赵梅伯不得不跑到外轮上向船员兜售中国刺绣赚钱，并在安德森教授的音乐课上担任助理。在沪江大学待了两年后终究无以为继，只好辍学到杭州蕙兰中学做了音乐教员。其时获悉有一位俄国歌唱家塞利凡诺夫在上海收学生，于是每周坐火车往返沪杭求学，节衣缩食，乐此不疲。不久后他开始在塞氏组建的俄罗斯人合唱团里担任独唱，并在杭州最大的教会合唱团体——乐正社合唱团任负责人。1924年，赵梅伯回到上海修完沪江大学的学业并得到教育及商科学位。彼时在课余，他已经是上海各学校、俱乐部、电台争抢档期的歌唱红人。1929年，他应德国高亭公司邀请，录制中华民国国歌，每周由南京向全国播放。

这一年，上海有关方面发起成立上海音乐协会，赵梅伯和谭抒真、张若谷、周大融、朱希圣等成为协会骨干，他还成为协会组织部及声乐科领导人。再后来，经安德森博士介绍，赵梅伯结识胡适，后者演讲时也常请他演唱助兴。经胡适介绍，赵梅伯又结识教育部部长蔡元培及朱经农。其时他正与沪江大学校花左大璋（左宗棠的孙女）恋爱。赵梅伯的《中外歌唱入门》一书由上海商务印书馆出版，即是她出资玉成。1928年，因为其父农矿部部长左宗澍调任北平，左大璋转入燕京大学。不料，翌年春天，她因猩红热而殁。受此打击，赵梅伯决心留洋，恰逢中比庚款委员会派送学子前往比利时留学，报考者共计百余，录取仅二十。赵梅伯成为唯一被录取的音乐专业学生，前往布鲁塞尔皇家音乐学院就读正班（非外国人班），师从圣乐名家维南教授，成为在欧洲名牌音乐学院学习声乐的第一个中国人。

黄钟大吕，遍历欧美

初到比利时，赵梅伯全然不通法文。翌年，他即可用法文宣讲中国音乐史。1932年，他在欧洲试唱中国歌曲大受欢迎，同年获取学院公开考奖第一名。布鲁塞尔皇家音乐学院院长约瑟夫及维南教授相继撰文盛赞赵梅伯的语言能力和音乐诠释能力，富有深奥的音乐感，健康而扎实的技术，高尚的风格，精准把握中国音乐之美，并以自己的方式介绍给西方人，更是难能可贵。不久，他被比利时全国无线电台广播音乐会聘为长期独唱演员，中国歌曲及中国人唱的欧洲艺术歌曲第一次从比利时的无线电台传出。这一年，他还将中国音乐史及乐器、乐曲汇编成一本法文版著作《黄钟史》在比利时出版。此书中，赵梅伯详细介绍中国古代乐律产生的传说、乐律的划分，并将之与世界其他地区乐律调式进行对比。书的结尾，他写道："中国将产生新生一代的新音乐，中国学派将被世界所激赏。"他在多种场合宣讲中国音乐时，则请来中国作曲家萧淑娴女士作琵琶演奏示范。1933年，各国外交官齐聚日内瓦商讨中日关系问题，中国外交总长陆征祥出席期间邀请赵梅伯举办独唱会，维南

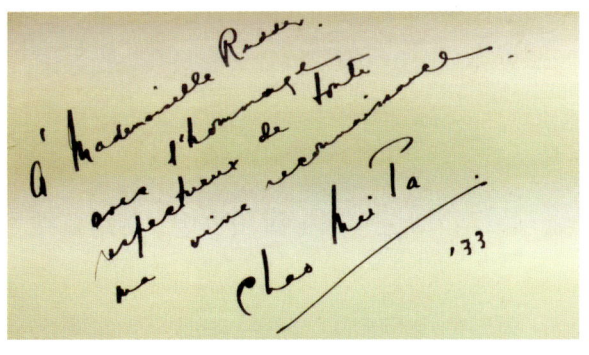

● 赵梅伯留欧期间的签名

教授甚至亲自前往伴奏，效果极佳。不久，《黄钟史》又在里昂大学重新出版发行。

1933年，赵梅伯第三次参加布鲁塞尔音乐学院公开考奖，终于得到头奖（罗雷亚学位兼爱尔乾奖学金），成为在欧洲最高音乐学府中享此殊荣的第一位中国人。翌年2月，他应驻美大使施肇基之邀赴美，纽约的美国全国广播协会NBC专门为他举办广播音乐会。他以康奈尔大学为始点，沿密歇根、弗吉尼亚、伊利诺伊州一路造访并举办独唱音乐会，美国社会一度掀起赵梅伯热潮，"第一次听到如此知名的东方人的演唱，他有美丽的歌声，东方清幽的色彩，表情细致，是一位杰出的学人歌者"。1935年，《黄钟史》英文版在巴尔的摩出版。这次赴美，赵梅伯专注于考察美国各大学音乐教学尤其是声乐方面现状，历时三年。

1936年7月，回到祖国的赵梅伯被萧友梅聘为上海国立音专声乐系教授及主任，他的首届学生包括郎毓秀、葛朝祉、魏秀娥、黄钟鸣等。1937年1月，国民政府中央文化事业计划委员会召开音乐研究会议，赵梅伯、萧友梅作为专门委员出席。4月，教育部第二届全国美术展览会在南京国民大会堂主办国立音专音乐大会，上海国立音专教员及学生担任演出嘉宾，为彼时中国乐坛之最强阵容，宁波籍的斯义桂、应尚能、吴乐懿均在其列。5月，上海工部局交响乐团意大利指挥梅百器邀请赵梅伯同台演出，这是华人第一次获邀与这支当时的亚洲第一乐团合作。同年夏天，全国中等学校及大学校长、教务长在庐山牯岭接受军训，赵梅伯应蒋介石之邀出任音乐总教官，每天指挥5000余人唱歌。

报国办学，筚路蓝缕

赵梅伯在上海国立音专初任职务时便有两个教育理想，一是将欧洲近现代作品推介给中国，二是推动中国新音乐运动的发展。1938年12

月,赵梅伯指挥上海基督教联合会合唱团 250 人演唱英国近代作曲家高尔的圣乐《圣城》,规模可谓空前。1939 年 5 月 4 日,他又在上海指挥百人合唱团演唱贝多芬的《C 大调弥撒》、凯鲁比尼的《第四弥撒》及舒伯特的《降 E 大调弥撒》。彼时上海身处孤岛,有如此规模的演出,实为难能可贵。1940 年 3 月 10 日,上海美军第四海军陆战队在大光明戏院举办演唱会,赵梅伯应邀担任指挥及演出顾问,由他创立的"乐进团"的 30 位女歌手在他指挥下演唱了约翰·施特劳斯的《春之声圆舞曲》。这一年,他还应上海美术专科学校校长刘海粟之约出任该校声乐教授。这一年,工作范围拓展到合唱指挥的赵梅伯撰写的《合唱指挥法》由上海商务印书馆出版。在书中,他提出,指挥并非仅靠姿势击拍优美、读谱灵敏,更是要靠对音乐的独到见解来立身。这对中国合唱整体水平的提高具有开创性意义。

1941 年,应英国广播民主电台(设在上海)之邀,赵梅伯每周通过两档节目,向听众介绍古典音乐,且将中国音乐及音乐家介绍给在华外

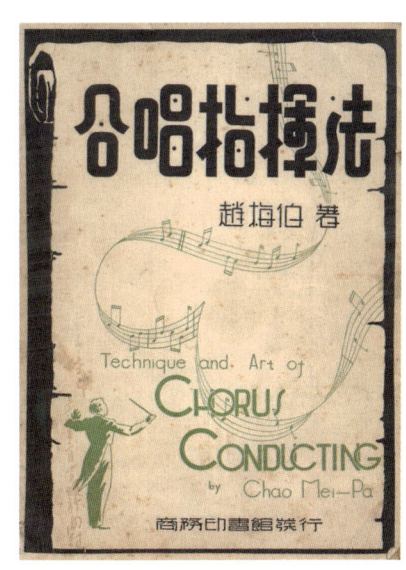

赵梅伯著《合唱指挥法》

籍人士。1940年10月，美侨委员会主席闵士德及之江大学校长李培恩发起组织"之江东吴诸校大学联合圣乐团"，亦请赵梅伯担任总监及指挥。与此同时，赵梅伯的个人情感生活终于有了归属。这年，他去青岛避暑，巧遇厦门望族胡莲亭（上海光华大学肄业），两人喜结连理。1942年圣诞节，赵梅伯率学生在新都饭店举办音乐会，收入全部用作上海国立音专的奖学金。不久，日军进入上海租界，上海国立音专改为汪伪掌控的国立音乐学院。他拒绝了汪伪政府的委任，不得不离开上海前往西安。在好友胡宗南帮助下，赵梅伯用西安第一中学校舍创办了西北音乐学院。彼时西北音乐教育落后，音乐教师八成未受过正规训练。经短期筹建，西北音乐学院于1943年8月开始招生，学生多从沦陷区逃亡而来，其中包括许多从上海国立音专迁入内地的师生。

西北音乐学院1943年起兴办，1946年因为校舍归还陕西当局，只好停办。但三年里，西安的音乐教育及音乐生活水平得到极大提升，该校学生举办的声乐音乐会在语言上涵盖法、意、英、德，在作品时间跨度上涵盖巴洛克到现代新潮，在曲目形式上涵盖神剧、歌剧以及宗教弥撒，顺理成章，该校也被誉为"西北荒漠土地上的一棵音乐萌芽"，其中付出最多者非赵梅伯莫属。离开西安后，赵梅伯与徐悲鸿一道受命前往北平重建国立艺术专科学校。1946年9月，艺专开始招生，赵梅伯以自身影响力聘得教授30多位，其工作重心在于中国音乐的推广、中国戏曲及民歌研究，并着眼提高城市音乐艺术素养，创建北平歌咏团，每周在南河沿礼拜堂排练，择期演出。1948年底，华北局势紧张，赵梅伯与清华大学校长梅贻琦等同机离开北平，由南京转到上海后，终在1949年抵达香港，与家人团聚，开启长达20年的香港音乐生涯。

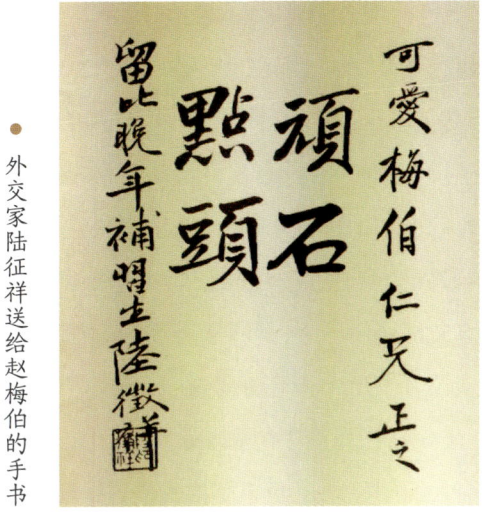

外交家陆征祥送给赵梅伯的手书

中国需要赵先生

赵梅伯在香港先后创建了两支合唱团。一支是 1949 年的乐进团，他亲任团长及指挥，团员约 90 人，为当时香港新音乐运动的主流团体，也是香港唯一的中国人歌唱团体。对于乐进团的演出，《南华早报》曾作如下评论："凡赵氏所领之音乐会，必具四个优点，一曰客满，二曰训练完善，三曰歌声美丽，四曰气氛和谐。" 1962 年，赵梅伯指挥乐进团及基督教与天主教合唱团演唱英人视为国宝的亨德尔《弥赛亚》，由香港管弦乐团伴奏，港督亲临现场，当地报章评价赵梅伯的指挥："不仅是好，且是超然，其表情、平衡、音准、咬字彻入心骨之力量与雄伟……"另一支是 1962 年成立的"梅伯少女合唱团"（Melba Girl's Choir），其名来自澳洲女高音梅尔巴（Melba）的音译，亦与赵梅伯同名，五个英文字母又分别代表合唱团"道德、效率、忠心、美观、艺术"的格言。该团虽然后起，但演出水平不让乐进团，1966 年 12 月 4 日的演出，更是被听众强烈要求全部曲目再唱一遍，即"全场安可"，为香港乐坛空前之举。演唱之曲目主要包括中国民歌及早期艺术歌曲,其中《雨不洒花花不红》《玫瑰三愿》和《花儿少女》最受欢迎。

再就是著书立说。1954年,赵梅伯编撰《赵梅伯名歌选》两集,选取世界各地民歌并附有汉译,经香港教育司认定后被各校采用。1963年,他在刚刚创办的《星岛日报·音乐周刊》里出任主编,每周负责半版专门介绍音乐艺术方面的文章,还在此辟《声乐漫谈》专栏。到1968年,这个专栏刊登的文章结集出版,即14万字的《唱歌的艺术》。1969年,香港再度出版英文版的《中国音乐简史》(即《黄钟史》)。香港《大公报》曾经这样描写赵梅伯:"这位中国音乐大师身上总散发一股教人不能忘怀的魅力,他给人的印象总是两手交抱胸前,身躯笔直,头微昂,略偏,薄细的嘴唇和深邃的眼神,一股充满自信、才华慑人的气魄及一股老当益壮的表情。"然而对香港本地而言,赵梅伯最重要的贡献,莫过于在教育司音乐总监的支持下,于1965年创办香港音乐学院,该校设本科及师范科,教师均为本港名家。

1968年,赵梅伯夫妇移居美国旧金山边的圣何塞市,继续从事教会音乐工作及教学。圣何塞市立合唱团邀请他担任长老会的音乐总监及指挥,赵梅伯一干就是10年,后又去旧金山辛普森大学主持声乐系和合唱指挥一共8年,在西部共举办合唱音乐会200余场。1975年,赵梅伯被辛普森大学举荐当选年度"美国杰出教育家"。此前的美国200周年国庆,他又被美国传记协会选为"美国两百年时代名人"之一。1981年,赵梅伯又在福特希大学创办女声合唱团,该合唱团为旧金山唯一能演唱中文及其他语种的合唱团。1986年,赵梅伯终于实现前往台湾指导青年学子的夙愿,应台湾教育当局邀请担任特别讲座教授一年,分别在东海大学、东吴大学、师范大学、国立艺专等校举办巡回讲座。台湾之行最轰动之举则是1987年3月25日在台北社教馆指挥国家实验合唱团演唱法国作曲家普朗克的《荣耀颂》。这次音乐会后,宁

● 赵梅伯在美期间演出的媒体报道

波老乡马孝骏博士（即马友友的父亲）设家宴款待赵梅伯。马博士亲自掌勺烹饪宁波菜，一时被传为佳话。1988年，赵梅伯退休迁居洛杉矶。1999年11月19日在加州湖林城逝世，享年94岁。

历史上，音乐曾经是中国教育领域的六艺之一，但唐宋以降，中国传统音乐日趋边缘化，音乐家不为人所重视，赵梅伯也曾说："即以我本身为例，因着学声乐遭家父断绝沪江大学学费，我去美国轮船售锦绣品，忍饥饿不坐车、省钱学唱，遭亲友讥笑，认我为最愚蠢者。"对于彼时的中国教育，他也曾感叹："没有学习中国音乐的学校，在学校中没有中国音乐。"留学比利时前，他对朋友说："我去学习唱歌，几年后到意大利，再到欧洲各国，在各地我都不会忘记东方可怜的祖国，想必总不会替她丢脸吧。"他后来离开上海前往西安创办西北音乐学院，被誉为"一位不愿屈服在敌人统治下的文化英雄"。词作家韦瀚章先生评价他："以赵梅伯丰盛的天才、深邃的学识、精练的技巧、充足的经验，回到中国来大可以到处献技、名利双收的，然而他舍弃个人主义的路线，而走入中国刚发芽的音乐教育园地中，我终于觉得他走的路线是对的，中国固然需要些卡鲁索一样的声乐家，然而中国需要很多的音乐教育家。"

葛朝祉（1917—1998）：

中国声乐的领唱者

家　世

葛朝祉生于上海。其父葛其源，慈溪人，是上海旧海关一名高级稽查员，英文极好，法语也通过自学而精熟。葛朝祉后来从事声乐演唱，发音一环可称得乃父真传。葛其源收入丰厚，葛朝祉自小过着少爷生活。因为父亲喜欢京戏，收有许多名家唱片，他自小听熟，由此引发了他对于歌唱的最初兴趣。兄弟姐妹八个，葛朝祉排行老四。大哥葛朝祥也在海关谋事，笃信基督教，所以葛朝祉读高小时，常常随大哥去四川北路的守真堂做礼拜，并且特别喜欢大嫂做的宁波甜酒酿。守真堂的主持、美国牧师去世后，大哥辞掉高薪工作而做了收入仅为原先五分之一的传道牧师，并改名葛尊基。兄嫂常常因为布道而无暇进食，这对葛朝祉后来的精神养成产生过极大影响。大姐葛梅凤在教会女中求学时时常登台独

求学时代的葛朝祉

唱，新中国成立后成为上海音乐学院附中的音乐教师。五弟葛朝穑后来加入新四军，并在解放战争时任第三野战军文工团团长，在渡江战役前病逝。

葛朝祉幼时家住狄思威路的裕新里，此地与邻街的昆明里居住着大量英葡侨民，两个弄堂几乎是"国中之国"，居民相处甚欢，外籍人士常举办小型音乐聚会，一弦一歌，令葛朝祉神往不已。因为家庭背景，葛朝祉小学上的就是梧州路的基督公学，并在此爱上唱歌。其时，他所唱者主要有两大内容：一种是西欧民歌及宗教歌曲，一种是赵元任、黄自、萧友梅等人所写的中国作品。1931年，葛父投资失败，其存入巨额积蓄的由大世界游艺场董事长黄楚九开办的日夜银行，因为遭黄金荣势力吞并导致产业崩盘，葛家顿时陷入绝境，葛母不得不带子女去安徽芜湖投奔次子葛朝初。不过此时葛朝祉已就读于北四川路上的基督教青年会

● 在全沪第二次口琴独奏锦标比赛中得奖的葛朝祉（右二）

中学，该校对音乐相当重视。除了继续发展唱歌方面的爱好，他还加入宁波籍口琴大王石人望开设的口琴班，成为"大众口琴会"成员（同是成员的另有后来成为著名作曲家的朱践耳），并在全沪第二次口琴独奏锦标比赛中获得最高奖，奖品为一架荷兰产的键盘式手风琴。其时，葛朝祉结识了石人望的妹妹石圣华，两人相差6岁，相互间渐渐有了懵懂的好感，谁料两人成百年之好，已是20年之后。

传　道

1938年1月，21岁的葛朝祉考入上海国立音专。

与不少祖籍宁波、长在上海的现代音乐家一样，他走向音乐之路的

● 上海国立音专颁发的葛朝祉毕业证书

最大障碍来自父亲。幸亏母亲坚持从经济上支持，中学时代已经得俄籍男低音歌唱家苏石林指点的葛朝祉才得以考入声乐系，师从甬籍导师赵梅伯，并从丁善德习钢琴。彼时，葛家已经从虹口区搬到法租界，葛朝祉也开始与沪上同龄的音乐新秀们往来，后来成为大指挥家的陆洪恩、韩中杰都是他家的座上宾。入学第一年，葛朝祉就参加了赵梅伯指挥的250人合唱团，在英国作曲家盖尔的清唱剧《圣城记》里担任领唱。1940年6月30日，葛朝祉从音专师范科毕业。从保存至今的毕业训导证书可见，校长萧友梅、训育主任朱英、导师赵梅伯分别签名其上，且有"思想优美、操行品学兼优、体格精神充足、学业优良"的评语。

这一年，葛朝祉先是被母校介绍去为电影《刺秦王》（严幼祥导演）的主题歌《易水歌》谱曲并指挥录制唱片，再是参加了乐艺社歌剧演出委员会排演，钱仁康作曲，黄贻钧、陆洪恩相继指挥工部局交响乐团负责伴奏的歌剧，此剧于该年12月底在兰心大戏院首演。本土四幕歌剧《大地之歌》，声乐顾问为苏石林，葛朝祉担任主要角色。日军进入租界以后，葛朝祉放弃在汪伪政权接手的国立音乐学院任教的念头，转而受丁善德邀约到私立上海音专担任声乐教职，他的学生中便有后来成名的甬籍女中音董爱琳。1943年，葛朝祉首次在兰心大戏院举办独唱音乐会，并且担任上海之江堂圣乐团指挥。他的领域拓展，很像恩师赵梅伯的翻版。1944年10月，联华银行又在兰心大戏院举办中西音乐大会，分国乐和西乐两场，其中西乐专场的节目共八个，合唱占据其三，独唱独奏占据其五，葛朝祉和男高音黄源尹、大提琴家纪汉文、钢琴家潘美波、指挥家黄永熙同台亮相，可称当年上海最强国产音乐家阵容。

抗战胜利后的1946年，葛朝祉受邀去南京为蒋介石生日演出并指挥张昊作曲的合唱《民主胜利》。1947年，中法协会主办音乐会，葛朝祉和周小燕合作了多尼采蒂歌剧《拉美摩尔的露琪亚》里的二重唱。1948年1月25日、2月1日，为庆祝上海雅乐社成立30周年，葛朝

● 葛朝祉（前排右六）赴法留学前夕留影

祉和上海市政府交响乐团(前身为工部局交响乐团)合作演出海顿的清唱剧《创世纪》,并承担了其中拉斐尔一角的演唱部分,彼时的葛朝祉已是国立音乐学院上海音乐分院(后改名为中央音乐学院上海分院)的声乐系教授,并在复旦大学兼职。1950年,葛朝祉正式向华东军政委员会提出申请,告假两年以自费形式赴法留学,在上海中法协会支持下得以成行,1951年6月28日终于拿到了法方签证。葛朝祉此行得到宁波籍钢琴家周广仁等的资助,随身携带1300元美金,中途在香港探望了恩师赵梅伯。

归 来

葛朝祉到欧洲后,决定先去歌剧和美声的诞生地,真切感受纯正血统的美声唱法。他以第三名的成绩考入罗马圣契西里亚音乐学院,直接以插班生身份升入三年级,师从达姆勃罗西渥夫人。为了最大限度探求美声唱法的精髓,他广拜名师,其中就有著名男中音歌唱家里卡多·斯特拉切利。他自学意大利语,省下每一分钱购买原版曲谱和唱片。三个月之后,他以最优等成绩考入巴黎国立音乐学院,并拿到了法国政府的奖学金。在当时巴黎国立音乐学院招收的中国留学生中,另一位就是钢琴家吴乐懿。在巴黎,葛朝祉的交游里有一位重要人物,即法兰西画廊终身画家、巴黎国立装饰艺术高等学校教授、获法国骑士勋章的赵无极,两人相差4岁,引为莫逆。1953年夏,38岁的葛朝祉以"Très bien(非常优秀)"的成绩获得巴黎国立音乐学院毕业证书,给欧洲求学之旅画上一个圆满的句号。然而,他竟窘迫到连回国的船票都无力负担,不得已写信向国内友人求助才解困。

回国后,他在美琪大戏院举办独唱音乐会,演唱了舒伯特的《魔王》《菩提树》等十几首艺术歌曲。这场音乐会的谢幕时刻,年近四旬的葛

● 葛朝祉指挥的《黄浦江颂》唱片

朝祉终于收获迟来的爱情。一年后,葛朝祉与破镜重圆的石圣华登记结婚,成为上海乐坛的一段佳话。然而历史原因使然,葛朝祉归国后值得记载的贡献有限。1956年,他参与录制电影版的第一届春节联欢晚会,作为指挥家幕后掌控了整台演出的音乐走向,并且带领中央音乐学院华东分院合唱队演唱了由周小燕领唱的《向社会主义前进》。同一年在第一届全国音乐周上,他指挥演出了交响大合唱《祖国颂》。1960年,他又倾力录制了大型合唱交响曲《黄浦江颂》的唱片,并且成为一年一度的"上海之春"音乐节的当然代表……"文革"后,59岁的葛朝祉曾在上海人民广播电台的播音间用法语教全上海听众唱《国际歌》。

最后说说葛朝祉的遗音。中国唱片上海公司2017年推出一套名为《世纪回声——葛朝祉先生百年诞辰纪念专辑》的CD,把他生前演唱、演奏和指挥的历史录音收集起来统一发行,令人感佩不已。葛朝祉跟录音业打交道可谓由来已久,早在18岁那年,还在青年会中学就读的葛朝祉就与他的口琴老师石人望在上海百代唱片公司(EMI)录制了贺绿汀新作《牧童短笛》的口琴版以及师生俩的口琴重奏专辑。20世纪

50年代留学回国以后，葛朝祉与中国唱片公司开展密切合作，发行了一系列由他作为歌唱家以及指挥家的经典录音。尤其值得一提的是，为了让年轻声乐学生感受到欧洲艺术歌曲原汁原味的魅力，拓展他们的艺术视野，1982年，67岁高龄的葛朝祉凭借着留洋期间对外语的勤勉学习，用原文演唱并录制了一组法国艺术歌曲，这在当时国内可谓空前。此外，葛朝祉退休后多次参与上海广播电台的节目录制，每周在电台教唱法语歌曲，并留有许多参与大型活动演出的现场录音。纪念专辑将这些珍贵的音响资料重新汇集，把葛朝祉一生对音乐的奉献和挚爱定格为永恒，供后辈学人瞻仰、深味。

《葛朝祉先生百年诞辰纪念文集》

与纪念专辑的发行相呼应，上海音乐学院出版社出版了《葛朝祉先生百年诞辰纪念文集》一书，收录了葛朝祉生前在各大报纸上刊登过的部分文章和他诸多学生、同人、媒体对他的回忆、追思与评论。2017年11月16日晚，在贺绿汀音乐厅，上海音乐学院举办了"百年回声——纪念葛朝祉先生百年诞辰音乐会"。这场音乐会由葛朝祉之子葛毅担任艺术总监，担任艺术指导的法国著名钢琴家让·弗朗索瓦是葛朝祉的巴黎音乐学院老校友。在音乐会上，他们带领听众回顾葛朝祉生前常唱、爱唱的经典曲目：《魔王》《伏尔加船夫曲》……演唱的嘉宾均是来自世界各地的葛朝祉弟子，包括著名抒情花腔女高音歌唱家黄英、著名男中音歌唱家王凯蔚、现居美国的著名男中低音歌唱家丁羔——在歌声里，葛朝祉复活了。

斯义桂（1917—1994）：

世界级男低音歌唱家

东方夏里亚宾

斯义桂，生于上海，祖籍奉化斯张村。他的父亲斯礼遂是一位石匠，年轻时挑着铺盖和工具到上海，在澳门路开了一家石作坊，承包过南京路老九庄绸缎店（今朵云轩）、福州路江西路金城银行（今交通银行）、江湾市政府大厦、陈英士纪念塔、杭州钱江大桥等建筑的石作工程。

淞沪抗战后，在音乐上有天赋且具备报国情怀的斯义桂参加了由上海音乐专科学校一批热血青年举办的以抗战救亡宣传为主旨的音乐补习班。1934 年，他成为这个补习班里唯一考入上海音乐专科学校者，先习小提琴，后改学声乐。他改学声乐的原因，说起来也是一则传奇。有一天，他去中国声乐一代宗师应尚能老师家里，恰逢老师在弹琴，斯义桂情不自禁地歌唱起来，老师连声叫好："你这样一副好嗓子，应该去学声乐！"受此激发，斯义桂后来就转投同乡恩师应尚能及俄裔名师苏石林，其男低音潜能得到充分发掘，并加盟苏石林办的歌剧院，多次在兰心大戏院演唱，声望日隆后一度在蒋介石创办的军官俱乐部励志社音乐股工作。西安事变前，斯义桂应邀赴洛阳参加蒋介石50（宁波人算虚岁）寿辰演唱堂会，一曲《满江红》，曾令在场的张学良掩面而泣。

1939年至1941年，斯义桂在香港从事音乐教学工作，同时举办独唱音乐会支援抗战。1942年香港被日军占领，他长途跋涉返回上海。汪伪政权曾威逼利诱他出山，斯义桂毅然抛下家口前往陪都重庆，于战时的国立音乐学院青木关分院任声乐教授。1944年4月14日，应宋庆龄之邀，斯义桂与著名舞蹈家戴爱莲在重庆国泰戏院联袂登台，演唱爱国歌曲《在铁索中》，当晚收入40余万元全部捐给前方抗日将士。抗战末期在重庆，广大听众对斯义桂所唱之《伏尔加船夫曲》《长城谣》等歌曲耳熟能详，其"中国独一无二的男低音""一个人就可以成为一个声部"之名遂得传扬。

1947年，梦想开辟更广阔艺术天地的斯义桂离别妻儿来到美国，钢琴伴奏李蕙芳女士（傅聪的第二个钢琴老师）同行。两人后来结为伉俪，夫唱妇随。在纽约，斯义桂有幸得到美国第一个登上拜鲁伊特音乐节的女中音歌唱家艾迪斯·瓦尔克和乌克兰裔杰出男低音歌唱家基普尼斯的教导，特别是后者，予斯义桂诸多影响，斯义桂后来连在保留曲目（勃拉姆斯的《四首严肃的歌曲》）上也向恩师看齐，传为佳话。1949年11月，斯义桂终于登上纽约卡耐基音乐厅一展歌喉，成为获得西方世界认可的一流歌唱家。此后，斯义桂在纽约举行5场演出，并与大都会歌剧院签约，开始活跃于欧美舞台，跻身世界一流声乐家之列，"东方的夏里亚宾"之称呼也开始叫响。

质地放在首位

1961年，肯尼迪入主白宫，就职仪式上，被盛赞为"美国的文化使者"的斯义桂荣任首席演唱。1966年，斯义桂与FRANAC公司签约，在美国灌制出版了第一张10英寸黑胶唱片，并且接连两年获得巴黎国家唱片学会奖。20世纪70年代，斯义桂的歌唱艺术进入鼎盛期，成为欧洲重要音乐节的常客，并在克利夫兰音乐学院担任声乐系教授，在罗切斯特大学伊斯特曼音乐学院担任声乐系主任，还曾两次应邀到联合国，担任贝多芬第九交响曲中《欢乐颂》的领唱者，和指挥大师卡拉扬有过合作（见《中国大百科全书·音乐舞蹈》"斯义桂"条目，倪瑞林撰）。卡拉扬在回忆录里写道："在我印象中，来自亚洲的世界级的歌手只有一个，他的名字叫斯义桂。"

1978年6月，斯义桂应中国人民对外友好协会的邀请访问北京，受宋庆龄接见。1979年3月中美建交，斯义桂再度作为美国政府文化代表团B组组长访问北京。时隔4个月，斯义桂第三次回到祖国，在上

● 斯义桂（右）与肯尼迪总统

海音乐学院举行为期5个月的讲学，引起国内学习美声唱法的热潮。他给国内的声乐领域带来两份礼物：一份是他积累40多年的艺术实践精华，"质地放在首位，演唱时声音的美、表情的美、语言的美应综合为和谐、统一的整体，响而不放纵，轻而不畏缩，高音不冲不滑，低音不压不垮"。另一份就是他从美国带来的几十年的藏品，含声乐书籍、唱片、录音带等整整18箱。纽约大都会歌剧院当今签约艺术家、中国卓越男低音沈洋在《他是海洋，我们是浪花》一文提道："考入'上音'后，我成了图书馆常客，由于我是低声部，许多歌曲需要从谱子上移调，一直很麻烦，但渐渐地，我发现很多外国版乐谱有现成移低之后的版本，而这些乐谱封面右下侧大多有个印章——斯义桂先生捐赠——原来它们都来自1979年斯先生传奇般的访问。令人惊奇的是，它们绝非为捐赠而专门购买，而是他自己的收藏品，他留下的笔记、注解及翻译一概附着。"

1979年12月，斯义桂终于回到奉化，对家乡菜记忆犹新的斯义桂一进门就叫："臭冬瓜、苋菜股有没有？"当家人回答"有"时，他郑重嘱咐："吃饭时，别的菜可以不要，这两个菜不要漏掉。"面对父老乡亲，斯义桂流露出浓浓的乡情："我不是实业家，经济有限，这方面对祖国、对家乡无大贡献，感到惭愧！但我在音乐方面还有一点能力，要为祖国培养音乐人才尽我绵薄之力。"

教我如何不想他

目前，奉化区档案馆珍藏着20盒斯义桂的录音带，基本上涵盖了他历年留下的唱片，这是斯义桂的长子、国画家、曾任奉化市（今奉化区）副市长的斯端仑捐赠的。离开祖国前，斯义桂即录制了不少唱片，他所演唱的中国艺术歌曲乃历史价值和欣赏价值并举的珍品，其中精华部分包括《教我如何不想他》（刘半农词，赵元任曲），《满江红》（岳飞词，黎锦晖曲),《我住长江头》(李之仪词,青主曲),《嘉陵江上》(端木蕻良词,贺绿汀曲),《长城谣》(潘子农词,刘雪庵曲)。这组作品背后的创作群体,差不多也是民国音乐文化领域的一个精英团队。斯先生用自己学贯中西的素养,滋润并提升了中国艺术歌曲的存在感,令世人获取了一种中国艺术歌曲与西洋艺术歌曲等量齐观的视野。这一层贡献,无人能够企及。

民国时期,斯义桂最出名的保留曲目是《教我如何不想他》,此曲他至少留下两件录音,出国前就有百代公司发行的一版,后来在台湾又录过。后者在情感拿捏上有更广博深沉的空间,而吐词上,因为赴美后长期的西洋歌剧、艺术歌曲演唱实践及教学浸润,颇有一种中文洋化的印记。可以说,他的演唱于这些中国歌曲,提供了一层歌者的世界眼光。此外,不能不提的还有一段《凤阳花鼓》视频,乍一听会以为唱的是英文,但细听之下,却是地道中文,堪称中西合璧的会心之演,令人拍案叫绝。顺便说一下,斯先生的歌曲演唱,除了长期搭档李蕙芳,20

● 收录《教我如何不想他》的唱片

世纪60年代后,斯先生的录音里担任伴奏的常常是美国钢琴家布鲁克斯·史密斯,此公在战后曾经长期担任小提琴家海菲兹的搭档,这也可从侧面见出斯先生的分量。

斯义桂的遗音,除了上文提到的,尚有中文版《伏尔加船夫曲》,以及齐尔品改编的一组中国歌曲(含《马车夫之恋》等)。外国作品有德沃夏克《圣经歌曲》十首,莫扎特及亨德尔的歌剧及音乐会咏叹调,穆索尔斯基歌曲《死之歌舞》等。歌剧方面则有法国指挥家孟许指挥的柏辽兹《罗密欧与朱丽叶》(他唱了劳伦斯神父的角色),以及穆索尔斯基《鲍里斯·戈东诺夫》片段(见于阿姆斯特丹音乐厅乐团录音回顾系列)。1950年,斯义桂在旧金山歌剧院登台演威尔第的歌剧《阿依达》里的国王,同台的有黄金小号莫纳科和斯卡拉头牌泰尔巴蒂。这是华人歌唱家第一次和意大利歌剧顶尖名角合流,可惜未见有现场录音存世。听斯义桂先生的录音,总是令人想起诗人余光中的那首《赠斯义桂》——

> 第一次骤听你咏叹的低音/鼓荡而深沉,在淡水河畔/将我的乡情摇撼又摇撼/似水的琴音里,你磁性的歌吟/摇船一样摇我回对岸……

《斯义桂艺术歌曲专集》封底

姚 莉（1922—2019）：

中国流行歌坛银嗓子

玫瑰玫瑰我爱你

姚莉原名姚秀云，生于上海，祖籍宁波。姚莉自幼丧父，虽家境艰难，但她从小就是广播迷，收音机既是姚莉认识外部世界的窗口，也让她学会了一首又一首流行歌曲。姚莉后来经常与哥哥姚敏搭档，辗转舞厅、电台。有一天，在上海华兴电台担任乐手的堂舅带她进电台唱歌。年幼的她声线娇嫩，简直与金嗓子周璇如出一辙，也让当时的知名制作人严华为之惊艳，旋即与她相约见面，为她量身创作。此事另一说法是，在一个慈善捐款点唱节目上，姚莉的歌声被出席节目的周璇听到。周璇对她称赞不已，当即推荐她去灌录唱片。总之，1937年，上海百代唱片公司为15岁的姚莉灌录第一张唱片《卖相思》，姚莉遂成百代公司的签约歌手，一炮而红。

姚莉虽非音乐世家出身，但家中同辈皆爱音乐。姚莉踏进歌坛后，将原本在戏院担任带位员的哥哥姚振民领入乐坛，他以"姚敏"的艺名在百代公司发挥全方位才能，作曲、作词、编曲、演唱、制作一手包办。姚敏、姚莉搭档，被上海滩戏称"要名也要利"，兄妹俩共同打造了华语乐坛无数不朽名曲。另外，她与姚敏、妹妹姚英及堂舅在上海发展初期共同组成的"大同社"，演唱、创作、乐手、报幕主持等分工明确，堪称华语流行音乐工作室的雏形。1940年，歌仙陈歌辛为姚莉创作了一首曲风轻快的作品《玫瑰玫瑰我爱你》，这首歌被选为由周璇主演的电影《天涯歌女》的插曲，一推出就大卖，姚莉也因之成为百代唱片的销售天后。1951年4月，美国歌手弗兰基·莱恩翻唱此曲，英文版《Rose, Rose, I Love You》迅速走红，一度高居北美排行榜第三名。但很少有人知道，当初姚莉在录音室灌录这首歌时，总共只录了两次就收工了，其中第二次不过是为安全起见录下的备份带！

● 中国唱片公司发行的姚莉老歌CD

本书撰述过程中，传来姚莉以 97 岁高龄作古的消息，陈歌辛之子、宁波籍作曲家陈钢如是谈论姚莉："姚莉活泼乐观，极爱笑""她的音域宽广，跳跃性极强，节奏反应更快，我父亲选中她来演唱这首歌，是因为她的嗓音和歌曲风格十分契合。在那个年代，她是耀眼的舞台之星""姚莉的嗓音明亮时尚中流露出朴实，没有当时舞厅泛滥的油腻和花哨。歌声中充满少女般纯真、奔放的气质，又有浓郁的上海风情。即便是许多年后的今天，再来听《玫瑰玫瑰我爱你》《恭喜恭喜》这些代表作，都丝毫不感到过时。"

七大歌后里的宁波人

1942 年，上海媒体和听众评选最受欢迎的歌手，白虹、姚莉、周璇、李香兰、白光、吴莺音和龚秋霞并称"上海滩七大歌后"。

她们风格迥异，各具魅力，七个美丽的身影风华绝代。曾经明媚于

● 上海滩歌手合影及签名，左起白虹、姚莉、周璇、李香兰、白光、祁正音

那个时代的七盏华灯,如今最后一盏也熄灭了。不过世人只知金嗓子周璇,对"银嗓子"姚莉总觉陌生。想当年,姚莉伶俐地唱着旋律奔放、节奏明快的爵士风格舞曲,身着一袭旗袍,梳着温婉的发髻,含笑间自有优雅之气,与周璇的楚楚可怜可谓大相径庭,为后辈徐小凤、邓丽君等所仰慕。

姚莉曾在上海扬子舞厅驻唱5年,其间与饭店副经理黄志坚的儿子黄保罗相恋成婚。姚莉生性淡泊,伺母至孝,婚后停止了公开表演,专心相夫教子。然而因为酷爱音乐,所以继续灌录唱片。在10多年的时间中,她由初期模仿周璇唱腔,活泼的少女声发展成稳健淳厚的成熟声,经过颇长的一番摸索,终在《带着眼泪唱》这首歌里糅合黑人蓝调布鲁斯唱法,成功地改变唱腔。1949年,姚莉、姚敏与众多百代歌手、乐手离开上海南下香港,开始全新生活。姚莉重回乐坛灌录唱片,但体弱多病、年轻时又因驻唱操劳过度,再一次久病至失声。神奇的是,在此次病愈之后,姚莉意外地发现自己的声线改变了,从清亮高亢变为温润甜美。因此,姚敏重新为她找寻歌路,并且大量改编姚莉当时相当欣赏的西洋女歌手帕蒂·佩吉(Patti Page)的作品,以中译西曲的歌路重新出发,姚莉这朵玫瑰再次盛开。

20世纪50年代,姚莉在香港灌录了不少中词西曲的唱片,也开始担任电影幕后代唱,自1956年影星钟情演唱电影《桃花江》的插曲后,她与钟情成了幕前幕后的最佳拍档,片头字幕里姚莉的名字往往比主演明星还要大。1967年,姚莉痛失兄长,随后宣布退出歌坛。1969年,在百代唱片的力邀下,姚莉以唱片监制的身份重返乐坛,不只替代哥哥姚敏担任制作、歌手培训等职务,也以自己多年的乐坛经历为百代在东南亚一带寻找歌坛新星,诸如陈芬兰、王慧莲等都因她的引荐而进入百代灌录唱片。1976年,姚莉正式引退。

从20世纪30年代出道,到60年代退出歌坛,姚莉经历了30多

● 百代发行的姚莉唱片　　● 姚莉上海时期录制的唱片《秋的怀念》

年的歌唱生涯，灌录了数百张唱片。姚莉早年在上海灌录的《得不到的爱情》《玫瑰玫瑰我爱你》《风雨交响曲》《秋的怀念》和《哪个不多情》等歌曲至今仍受人们青睐。50年代在香港灌录的唱片中，《春风吻上我的脸》《雪人不见了》《月下对口》《爱的开始》及中词西曲《大江东去》《舞伴泪影》等，被后辈歌手翻唱多次。姚莉也曾尝试创作歌曲，如《你给我回音》就是她自谱自唱的作品。50年代百代唱片公司的唱片封套上，介绍她的文字里称其经历了"将近二十年的过程，始终独步歌坛，后起者无出其右"，毫不夸张。

楼乾贵（1923—2014）：

中国声乐界的旗帜

医学博士

楼乾贵生于宁波，3岁时，随全家迁居天津。1936年，楼乾贵入南开中学读初中。抗战全面爆发后天津沦陷，楼乾贵除了经常去学唱教会歌曲，还曾向学长学习拉小提琴、欣赏唱片，但由于父亲的干涉，他没能报考音乐学院。1942年，楼乾贵考上了上海震旦大学医学院，但他并没有放弃对音乐的追求，而是自费学习声乐。1947年，楼乾贵考上国立上海音乐专科学校，开始了同时上两所大学的忙碌生活。不过在上海解放前夕，楼乾贵遭遇过一次人生重大劫难。当时国民党在各高校逮捕了300余名学生，楼乾贵的罪名是接触地下党、演唱反动歌曲、参加非法合唱团，并且被判了死刑，要不是因码头工人罢工耽搁了行刑，他早被塞进麻袋沉海里了。

1949年7月，他获得医学博士学位，成为北京协和医院公共卫生系的医师和助教。朝鲜战争开始，楼乾贵组织了一场相当规模的为"抗美援朝捐助飞机大炮"义演音乐会，由沈湘教授帮助筹划，当时不少音乐界名流都踊跃参加。楼乾贵自是热情高歌，遂开始被音乐界所知晓。1953年，上海音乐学院副院长陈良负责组建代表团参加在罗马尼亚举行的世界青年与学生和平友谊联欢节。在考虑人选时，他想到了当初在唱诗班一起唱歌的楼乾贵，但当时协和医院归军委卫生部管理，正在大量接收前线伤员，"一个都不准外调"。陈良请示了周恩来之后，经过层层程序，总算把楼乾贵给调了过来。起初，楼乾贵还以为是去参加合唱，当他得知是要出国参加独唱比赛，一时不知所措。他一没谱子，二没歌词，而且他根本就没有经过专业声乐训练，但就是这样临时抱佛脚，他凭借刚刚学的歌曲《在那遥远的地方》，竟一举拿下二等奖——这是新中国在国际赛事上第一次获得声乐奖项。

1954年，楼乾贵随中国人民解放军歌舞团赴苏联、捷克、波兰、罗马尼亚等国巡演，被授予罗马尼亚国家红星勋章、波兰国家骑士十字复兴勋章，在苏联期间录制了独唱歌曲唱片。《真理报》还发表专文，高度评价楼乾贵演唱的《叶甫根尼·奥涅金》里的连斯基咏叹调。次年，楼乾贵调往中央实验歌剧院，开始了他纯粹的歌唱事业，他主演了《蝴蝶夫人》《叶甫根尼·奥涅金》等世界经典歌剧，代表当时中国声乐艺术的最高成就；还录制了《草原上升起不落的太阳》等歌曲的唱片，广播里几乎天天都能听到他的歌。楼乾贵的歌声明亮清澈，被声乐界认为是中国男高音歌唱家中最漂亮的声音，还被称为20世纪60年代歌坛的"四大家"（朱崇懋、楼乾贵、臧玉琰、孟贵彬）之一。1956年8月26日，楼乾贵在《人民日报》发表了文章《中国歌和洋唱法》。当晚他刚好有一场在怀仁堂的演出，周恩来专门找到他并公开表示："我拜读了大作，你的立论是正确的。"次年"反右"，中央实验歌剧院来了一个人通知他："楼乾贵,你被划成右派了。"说完就走了。紧接着,楼乾贵失去了演出的机会,收藏的音乐文献全部被毁,儿子也被要求与其划清界限……

楼乾贵一生透着无尽的荒诞与悲凉:他梦想歌唱,却进了医学院;他想用歌声赞美时代,却被判了死刑;他从未有过专业训练,却荣膺国际大奖;他想在艺术上大展宏图时,却被告知不能再歌唱……

高级业余

1978年,劫后余生的楼乾贵终于得以放声歌唱。他到各地演出,举办个人音乐会。在《歌唱艺术浅谈》一文中,楼乾贵讲了他演唱歌曲《请允许》(傅庚辰曲)时所做的不同于他人的处理:第一次听别人演唱

● 1983年发行的楼乾贵演唱的唱片

这首歌时他就被感动了,仔细研究后感到它哀思太重,情绪低沉,纵使用强音和高音唱"请允许我用歌声陪伴您,视察祖国的千山万水……啊,周总理,好让您欣慰地笑看祖国的春天",也很难使人化悲痛为力量。于是,他在演唱时减缩了"思念"的拖腔和一些伴奏过门的小节,把"啊"的高昂延长音(歌唱者最能发挥声音技巧的地方)由原来的八拍减为六拍,改变了原来过于哀怨的情调,突出了主题。国庆30周年献礼演出时,楼乾贵演唱了这首歌,作曲家也肯定了他的改动和处理。1979年,上海公演结束后,"上音"周小燕、王品素、谭若冰三位教授以"周品若"为笔名,在《文汇报》发表了题为《北京来的春风》的评论,赞扬楼乾贵的歌唱艺术。1983年10月20日,花甲之年的楼乾贵在民族宫礼堂开个人音乐会,一个人从头唱到尾。那时还不兴请嘉宾,敢开个人音乐会,必须有相当的艺术实力,身体也得好。

音乐会后,他在给朋友的信中写道:"这次独唱音乐会不是告别演出,但六十岁却是真的,这在人生旅途也算得是一个大站。一般地说,请请酒热闹一下也是可以的,但我不喜欢这样来纪念,于是想在生日那天到舞台上去过,只有舞台才是艺术家的生命。何况以往出于种种原

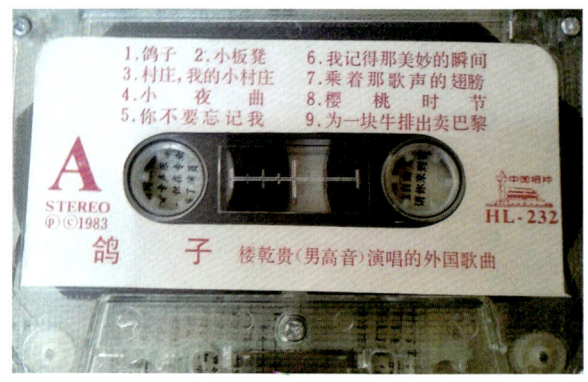

● 20世纪80年代楼乾贵演唱的外国歌曲磁带

因，我的舞台生涯并不丰满。遗憾的是我演出前忽然泻肚，服了黄连素、痢特灵，致使口干舌燥，病也消损了体力，所以显得拘谨，不自如，不理想，辜负了朋友们，热情的观众。"

20世纪80年代，楼乾贵和剧院退休的同事郑小瑛、赵启雄等人，创办了首都歌剧培训学校。文化部大院旁边，东中街113号楼下的一间房子，就是这所学校的排练场，一台立式钢琴，几把椅子，此外再没有别的摆设了。学校集中了戴玉强、孙秀苇、袁晨野、宋学伟、沈韵、李京顺、孙萨丽，以及郑小瑛当时的学生俞峰。那时，楼乾贵是骑车去民族宫礼堂，唱一晚上，补贴一块七毛五。骑车去演出，他习以为常，每次去北京饭店，他也是骑车去，在大门外找个空地方，一锁车，掏出请柬，就进去了。

楼乾贵在《歌唱艺术浅谈》中说：

> 歌唱艺术以声音结合语词作为表现手段。各种艺术手段可以相辅相成，但不能互相代替。一些人唱歌，采用特殊的灯光照明，穿着引人注目的服饰，滥用手势和噱头，其实只是冲淡了声乐艺术本身的美，干扰了演员和观众的感情交流，在欣赏者与表演者之间制造了一座墙。这是艺术的倒退，绝不是艺术的进步，它绝不可能把观众诱入到更深更广的艺术境界中去。

1988年，中国音乐家协会拟拍摄数十集的专题片《中国歌坛》，楼乾贵曾经做过一次访谈，虽然片子没拍成，但这个访谈可以看成他一生的总结。

> 剧院对我不错。我的经历比较坎坷，对歌曲的理解比年轻人深刻，唱的很多歌自己感动得有时唱不下去，可我觉得还不够，生活面还不深。唱歌是很难的事，我说自己是高级业

余，多年来搞运动，文艺上来回变，唱什么都不行，很多东西未得实践。一辈子倒霉事不少，可对我的艺术确实是营养，使我了解得更多，对人对事的理解更不一样。在歌剧院，我什么角色都演，小角色演了不少，还老演反面的小角色。演完《叶甫根尼·奥涅金》后，剧院要排《托斯卡》，我和郑小瑛已经开始音乐作业了，一阵风刮来，洋戏下马，不准排了，争论了好久。"文革"，整个一个耽误。"文革"后，李凌来当过一段时间的团长，他主张老演员不要再跑龙套了，要开音乐会，我最初是参加男声四重唱，李光羲独唱后，我也改独唱了。后来院里排《卡门》，让我担任了声乐指导。那么多年了，一演外国戏就想起我来了。院外，现在只要有人邀请，我就去，当评委，讲大课，上去就唱，几乎每到一地都做这个工作。上礼拜去天津二中，去了就唱，还讲了几句话，我说：现在不是盖几栋大高楼的问题，是人的素质怎么提高的问题，文艺正可以提高人们的素质。老师们跟我说：比我们讲管用。我年轻的时候喜欢体育，网球、排球、篮球、足球、乒乓球，什么球都玩，还游泳，现在不行了，只能看电视转播的体育比赛，主要还是听音乐。有闲工夫，就想搞点资料性的东西：曲是怎么作的？背景是什么？词怎么样？不是听过就完……

董爱琳（1927— ）：

中国第一代女中音

中国的费丽尔

董爱琳，祖籍宁波，自幼在上海教会学校就读，1948年毕业于圣约翰大学经济系。因为嗓音条件及英文流利，遂就职于上海电话公司，任总经理室秘书。这个经历，令人想到同一时代英国女中音凯瑟琳·费丽尔，她也在伦敦邮政总局里供职过，战时还做过接线员，因为嗓音条件好而偶然成为歌手。她们的另一个共同点是熟谙钢琴技法，费丽尔先是在许多业余比赛上夺冠，董爱琳则拜同乡、钢琴家吴乐懿为师，技多不压身。

董爱琳声乐上最重要的从师经历是跟着上海滩有名的白俄男低音苏石林学习。此公曾经带过斯义桂与温可铮，所以门槛特别高。据2018年12月29日《新民晚报》的一篇回忆文章《红莓花儿开，又见中国第一代女中音歌唱家董爱琳》(作者丁言昭)称,苏石林的课"每次去都要预约,学费非常昂贵,一般人负担不起,虽然董爱琳每月收入不低,但每周去,也吃不消,于是每月上一次,当场交费,他的中国太太总是踏着秒钟来示意该下课了。苏石林对学生要求很严,先练声,把调门记住,下次来时必须还课。老师不懂中文,师生俩用英文对话"。

20世纪40年代末,董爱琳已经崭露头角。1949年10月,上海电影制片厂成立翻译片组,专门对苏联影片进行配音复制,这样,新中国成立后译制片领域便有了东影(当时称东北电影制片厂)和上影(后来专门在上影翻译片组基础上成立上海电影译制片厂)一北一南遥相呼应的格局。1950年,东影译制的苏联影片《幸福的生活》开始在国内公映,虽然对白已配成汉语,但片中两首女中音演唱的歌曲《红莓花儿开》《你从前这样》依旧采用原声。上海有关领导杨寿桢(曾是中共地下组织文化界负责人)提出如果片中歌曲能用中文演唱,效果会更好。于是就找了贺绿汀,要求物色一位女中音,贺绿汀就推荐了董爱琳。尽管影片后来依旧保留了原声歌曲,但是董爱琳的中文版演唱已经随影片及唱片而风靡,她也因此进入上海合唱团,成了一名声乐艺人和教员。

很浓很厚的音色

1953年,董爱琳代表中国参加在罗马尼亚布加勒斯特举办的第四届世界青年与学生和平友谊联欢节,凭借独唱曲目《万尼亚咏叹调》《哈巴涅拉》《黄水谣》获得声乐比赛三等奖。1963年,她又在上海开了专场个人演唱会。这一年的《人民音乐》刊登了一篇署名雍谊的专访文章《欧洲唱法怎样民族化——访劳景贤、蔡绍序、董爱琳、周碧珍同志》,文中记录了董爱琳就声乐界洋为中用问题而发表的看法,其中不乏真知灼见:

她们俩人也常出国作访问演出，因此，以前对于民族化的问题还觉得不是那么尖锐，觉得就是这样唱也过得去。现在要为农业服务，要下乡演出，民族化问题就变得尖锐起来……民族化是使欧洲唱法民族化，不是完全改掉原来的发声方法……近几年来，我们学习欧洲唱法的同志在唱中国歌时，吐字已有很大的进步，但光吐字清楚还不行，语言还要唱得生动，令人听来亲切。语言要唱得生动，就得注意运腔问题。欧洲传统唱法的运腔，是按着旋律音、平平稳稳的，这个音唱完再接下一个，中间不能拐弯，如像上海郊区民歌中那种小颤音是没有的。这样来唱中国歌就会四平八稳，没有韵味，不生动。我们以前受欧洲唱法的这种影响很深，现在已经开始改变这种老办法……群众对女高音比较习惯，对女中音声部还不大习惯。我国民间也有女中音，如我听过天津唱京韵大鼓的小彩舞，就是女中音。但欧洲唱法的女中音，用很浓很厚的共鸣，这和民族的习惯不同。

1988年9月，董爱琳退休后移居美国。遗憾的是，由于历史原因，这一代艺人很少有机会留下录音。董爱琳的唱片，笔者目前只找到两张，一张是20世纪50年代初期她演唱的《幸福的生活》插曲《红莓花儿开》等，78转的黑胶唱片外沿写着"华东工业部上海唱片公司"字样，内侧写着"伊萨科夫斯基作词，中央音乐学院上海分院小乐队，黄贻钧指挥，董爱琳演唱"。此录音现在听来，董爱琳所说的女中音"很浓很厚的音色"极为显著，这并非简单意义的中文版，而是俄文版的传神汉化，其魅力完全不亚于原片的俄语演唱，令人想到后来的上海电影制片厂老一代配音大师们的幕后献声，殊胜原版之案例比比皆是。董爱琳之造诣，亦为海派文艺滋养之下的产物无疑。

● 香港艺声唱片公司发行的董爱琳演唱专辑《梭罗河》

目前二手唱片市场可见董爱琳的另一张唱片为香港艺声唱片公司发行的名为《梭罗河》的独唱专辑，收有四首中文演唱的印尼歌曲——《梭罗河》《莎丽南黛》《衷心赞美》和《椰岛之歌》，这是1958年的录音。艺声公司旗下的唱片，据近年披露的文献，乃1955年起中国唱片公司的主管部门广播事业局要求"中侨委"（后改名"华侨事务委员会"）协助复制的中国大陆唱片，其初衷是要"弥补中国唱片不能输入的某些空白地区，以满足海外侨胞文艺生活上的要求，使侨胞都能听到祖国的声音，以发挥宣教功能"。这些唱片在香港售价5港币，相当亲民，客观上也起到了推广中国艺术成果的作用。

钱曼华(1944—)：

中国民族美声代表

钱曼华，生于上海市，祖籍宁波。钱曼华16岁考入上海音乐学院附属歌剧演员训练班，1964年毕业后转入声乐系本科学习，1966年入上海歌剧院，1971年调入上海乐团，曾在中央乐团、上海乐团演出的交响乐《智取威虎山》中担任小常宝的唱段表演。20世纪80年代举办过多场独唱音乐会，并为《等到满山红叶时》《庐山恋》《燕归来》《海之恋》《小城春秋》《傲蕾·一兰》等多部影片及电视剧配唱插曲，出版过多张唱片和盒带，为改革开放后一名活跃在上海的一名土洋结合唱法的女高音歌唱家。钱曼华为《庐山恋》配唱的插曲《啊，故乡》发自心灵，深沉抒情，如丝如缕，似泉似云，令人难忘。

1960年，上海音乐学院的考场上，有一个小姑娘在表演。她演得自然，充满激情，老师们的脸上露出满意的笑容。但当这位考生把唱歌、朗诵和形体等考核的科目考完，要被决定命运时，老师们个个皱起了眉头：录取吧，歌唱演员要紧的是唱，但是她嗓子小；不录取吧，除了嗓子，她各方面条件都很好。经过反复商量决定：如果实在嗓子拉不出来，以后就演话剧吧。这个考生就是钱曼华。入学后，钱曼华幸运地遇到了启蒙老师孙栗。孙老师发掘了钱曼华的潜力，使其小嗓变大嗓。后来钱曼华又在周小燕的指导下学了三年，通过大量演唱中外歌曲，训练出一副更柔韧、更完美的嗓子。毕业后，她先后在朱少伟、董爱琳、孙锦中、郑兴丽等老师的帮助下，不断提高声乐技巧。此外，她还向沪剧演员丁是娥和评弹名家徐丽仙学习和请教，研究戏曲、民歌风格，丰富自己的歌曲内容，提高自己的演唱水平。

"文革"结束后，钱曼华参加"贺绿汀作品音乐会"，演唱了《天涯歌女》《四季歌》等歌曲。舞台演出之余，她还为中国唱片上海公司录制了《紫罗兰》《四季美人》两张专辑。从唱法上来说，中国民族唱法（女声）在20世纪50—60年代蓬勃发展，以郭兰英为杰出代表。但那时的唱法不像现在这么模式化，上高音的路子很不统一，所以各有特色。如果说还要有点儿什么突出的统一特征，那就是当时的唱法普遍注重大嗓歌唱，以呈现时代强音。尽管当时的唱法不拘一格，但是出于历史原因下的"土洋唱法之争"，这些杂乱的路子也出现趋同迹象，并慢慢地通过两条道路在20世纪80年代趋向统一化。一个路子就是以上海的任桂珍、鞠秀芳、朱逢博、钱曼华，天津的于淑珍等为代表的唱法模式，另一个路子就是以北京的邓玉华和后来的李谷一为代表的唱法模式。简而言之，就中国民族美声唱法的历史遗存而论，最显著的还是以朱逢博和李谷一为代表的两派唱法模式之争。钱曼华属于朱逢博一派的名家，大量的歌曲都是她和朱逢博各留录音，并驾齐驱。在中国改革开放以来的声乐史上，钱曼华也是自成一家。

● 钱曼华演唱的唱片《紫罗兰》

● 钱曼华和朱逢博共同录制的电影插曲唱片

胡晓平(1950—):

从挡车女工到中国首席女高音

高师与高徒

胡晓平,生于上海,北仑柴桥胡氏家族后人。父亲是摄影家,爱好音乐,母亲爱好歌舞。受家庭影响,胡晓平自小喜欢唱,小学时代在家中院子里唱,中学时代到学校广播站唱。"文革"初期,胡晓平成了上海国营棉纺二十五厂的挡车工。1968年,她遇到了上海音乐学院的高芝兰教授,就拜她为师。这一年,胡晓平的父亲被下放到砖瓦厂劳动,而高芝兰的女儿也在这个厂里,一来二去熟了,就提起胡晓平向高教授求教之事。须知此刻正是"文革"如火如荼阶段,这一对师徒能够结对,实属不易。

高芝兰是杭州人,1941年毕业于上海国立音乐专科学校声乐系,1947年赴美国纽约朱利亚德音乐学院进修,1949年回国后任上海音乐学院声乐系副主任、教授。她是第一位主演《茶花女》的中国演员，也是"上音"声乐系的奠基人之一。经过高教授的指点，胡晓平 1972 年便考入了上海乐团成为一名歌唱演员，两年后又成为乐团里的独唱演员。1979 年，年近而立的胡晓平被上海乐团派往上海音乐学院脱产进修，成为高芝兰教授的正式学生。高芝兰说："我去国外兜了一圈，还没有听到过你这样好的音色，你还有潜力。"

远在洛杉矶的音乐文献收藏家章杰民先生向笔者提供的一份 1978 年 2 月 7 日—10 日在上海音乐厅演出的上海乐团五人独唱、独奏音乐会节目单的内页显示，下半场的女高音独唱的六首歌曲（含日本民歌《樱花》和哈萨克民歌《玛依拉》等）就是由胡晓平演唱，算起来应该是她去"上音"进修之前的演出。而另一份 1980 年 4 月 19 日、21 日演出于北京剧院的上海乐团演出节目单显示，这一台由法国指挥家皮里松指挥的海顿清唱剧《创世纪》里的女高音角色迦伯利和夏娃都是由胡晓平担任的。据说皮里松为了挑选女高音，从北京到广州看了一路，最后选了上海本地的胡晓平。《创世纪》的演出大获成功后，皮里松对有关方面进了一言，意思是你们应该让胡晓平出去比赛，"这样对她和中国声乐艺术都有好处"。1982 年 1 月 20 日、21 日，皮里松再度指挥上海乐团演出贝多芬第九交响曲，第四乐章里《欢乐颂》中的女高音也是胡晓平。显而易见，这个时期，胡晓平已经成为上海乐团声乐阵容里的台柱了。

布达佩斯，一战成名

1982 年初，胡晓平报名参加了一个在法国举行的声乐比赛，我国拟派三位选手，所以先在国内办了一个选拔赛，但呼声极高的胡晓平竟名落孙山，因为前三名都是选拔赛评委自己的学生。高芝兰教授为学生鸣不平，破天荒地给文化部领导写信申诉。结果，作为补偿，胡晓平得到了同年9月初参加匈牙利第二十届布达佩斯（柯达伊—艾凯尔）国际音乐比赛的资格。出发之前，恩师高芝兰悄悄给她买了营养品，又将自己的湖蓝色长裙送给胡晓平演出用。作为匈牙利最高级别的国际音乐赛事，比赛主场设在李斯特音乐学院的大厅内，但是初到此地的胡晓平意外发现组委会的国旗展区遗漏了五星红旗，于是提出交涉，对方解释说："因为历史原因，中国很久没有参加此项赛事，贵国国旗正在赶制中。"

"尽管有过几年的音乐会舞台实践，但唱的都是中国作品，除了在上海音乐学院进修时看过一些歌剧录像和私底下的几次排练，我还没有正式登上过歌剧舞台。对于进入决赛的其他选手来说，演一幕歌剧片段是比较容易的事情，因为他们大多数是正式的歌剧演员。而对于我，则是第一次，一切都要从头开始，而十天的比赛下来，我已是精疲力竭，真是弹尽粮绝。"布达佩斯（柯达伊—艾凯尔）国际音乐比赛原来是1933年创办的李斯特国际钢琴比赛的一部分，1960年，匈牙利为纪念作曲家艾凯尔诞生150周年，在首都布达佩斯举办了第一届国际柯达伊—

● 胡晓平演唱外国歌剧选段的唱片

艾凯尔声乐比赛，此后原则上每五年举办一次，在内容上分为艺术歌曲与歌剧两大类。其实早在1956年，中国钢琴家刘诗昆就获得李斯特钢琴比赛第三名，并获赠一缕李斯特的头发，只不过当时音乐组比赛还没有独立出来。

胡晓平参加的是歌剧类角逐，此项赛事大奖只设一个，不分男女组别。比赛共分三轮，要求选手分别从16、17、18世纪作品中各挑一首歌剧咏叹调进行演唱。当年参赛的各国选手，不少人经验老到，已经有多场歌剧主演经历，但是第二轮胡晓平唱了法国作曲家古诺的歌剧《浮士德》第三幕玛格丽特的咏叹调《珠宝之歌》后，人气暴涨。9月28日晚最后一轮，胡晓平和苏联男高音维塔林已成夺冠热门人物。凑巧的是，两人的决赛曲目同时选了普契尼歌剧《绣花女》的咪咪和鲁道夫初遇的对手戏。胡晓平唱《人们叫我咪咪》，维塔林唱《冰凉的小手》。组委会决定让他们同场竞技，以合演歌剧片段的形式比赛。夺冠心切的维塔林犯了两个错误，一是他抚咪咪的手时颤抖得厉害，一是最辉煌处的高音破音了。结果幸运女神眷顾了中国的胡晓平，她在连续谢幕五次后获得唯一的大奖和歌剧特等奖，"东方飞来的百灵鸟"为中国夺得改革开放后第一个欧洲音乐比赛大奖。中国国内媒体借机造势，一夜间，胡晓平成为妇孺皆知的艺术家，其知名度堪比一年前问鼎世界杯的中国女排。

重生的星辰

胡晓平得奖后，开启了频繁巡回演出的新生涯，"布拉格之春"音乐节、北美21座城市独唱音乐会也将她的知名度迅速升至全球高度，里根总统访华，指名要见胡晓平。1984年8月15日，胡晓平返回故乡，在柴桥影剧院举办敬乡音乐会。这场演出考虑到听众的口味，较多安排了中国艺术歌曲，《我爱你，中国》《我住长江头》《红豆词》《小河淌水》

等激起无限乡愁。然而成名后的胡晓平在国内的艺术之路并非顺遂,她与国外演出机构原本可以签订的合同也因为种种原因告吹。1986年,胡晓平申请公派留学未果,遂决定自费到曼哈顿音乐学院留学。于是,胡晓平很快淡出了公众视野,随声乐名家卡莱里学习三年。1990年,在遭受感情的巨大变故后,她把家安在了加拿大多伦多。移居异国,在胡晓平看来,是一次重获新生的机会。

1992年,"胡晓平合唱团"在多伦多创建。合唱团在大型演出时可排出60人的庞大阵容,足迹遍布加拿大全境,向海外世界展示着华人艺术家的风采。20世纪90年代后期,胡晓平又到匈牙利举办音乐会,与匈牙利歌剧院合作演出《艺术家的生涯》并灌制唱片。随后,她又成功地在莫斯科、圣彼得堡和维也纳举办个人演唱会。1997年香港回归,胡晓平应邀参加了庆祝演出。1998年,俄罗斯天文学会把一颗新发现的太空小行星命名为"胡晓平星",象征着她美妙动人的歌声永远响彻浩瀚的天宇。1999年,她在春晚饱含深情地献上一曲《风,请你告诉我》。2006年,胡晓平受聘为宁波大学特聘教授,创建"胡晓平声乐艺术中心"。她说:"宁波是我的家乡,虽然旅居海外多年,但我的心一直和这片土地连在一起。作为音乐家,我有义务为家乡音乐事业的发展做贡献。在家乡建立一个好的音乐教育体系是我的理想,条件固然艰苦,但我有信心。"同年6月8日,在宁波大学成立20周年的校庆系列活动中,胡晓平再度登台,倾情演唱了她最拿手的保留曲目《我爱你,中国》。

本文最后谈谈胡晓平的艺术留痕。章杰民先生的收藏里,有一份是上海乐团纪念联邦德国现代作曲家卡尔·奥尔夫90周年诞辰的《卡尔米拿·布拉拿》(今译《博伊伦之歌》或《布兰诗歌》)中国首演节目单,是1985年11月30日和12月1日的两场,指挥曹鹏,合唱是上海乐团合唱队,演奏是上海乐团管弦乐队,女高音独唱的一栏则写着胡晓平的名字。从改革开放到背井离乡,胡晓平一共活跃了7年左右,但是

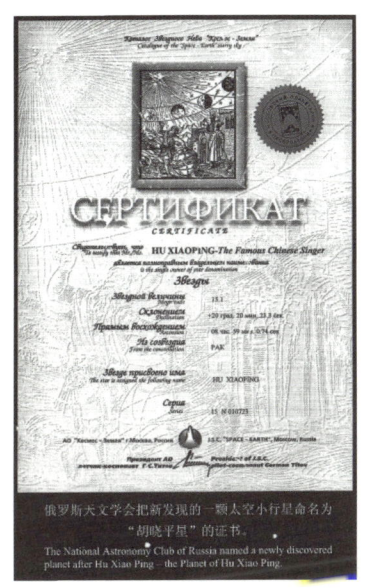

● 胡晓平演唱的欧洲艺术歌曲专辑《月光》　● 俄罗斯天文学会颁发的"胡晓平星"证书

出于历史原因，中国音乐家普遍缺乏录音意识，中国的唱片业也缺乏市场意识，所以胡晓平演唱留下的影像资料不多。笔者收藏品里只有如下几种可供读者诸君参考：一是中国唱片上海公司发行的艺术歌曲专辑磁带，题为《歌之翼》，伴奏是上海音协室内乐团，指挥胡咏言。三是中国唱片公司发行的黑胶版欧洲艺术歌曲专辑《月光》，曲目含福列《月光》、舒伯特《山岩上的牧羊女》、勃拉姆斯《信使》等，钢琴伴奏韦福根。三是中国唱片公司发行的外国歌剧选曲，曹鹏指挥，上海交响乐团伴奏，封面特别注明艺术指导高芝兰教授，胡晓平的名字由上海书法家周慧珺书写。胡晓平全盛期的演唱，音色其实是朴素平易的，基本功极为扎实，没有瑕疵，情感的控制力非常强，放在全世界声乐艺术成就里来看，也可称自成一家。胡晓平是宁波的骄傲。

黄 英(1968—):

中国飞来的夜莺

飞向世界

黄英,祖籍宁波,来自上海弄堂里的一个普通工人家庭。引导她走上唱歌道路的第一位伯乐是上海音乐学院附小校长、上海市少年宫小伙伴艺术团的老师吴国均。黄英在少年宫的首个一等奖,即是凭借歌曲《采蘑菇的小姑娘》得来的。1989年,黄英考入上海音乐学院声乐系,师从葛朝祉先生。大学期间,黄英不断参加各种声乐比赛,以赛带练,积累经验。1992年,黄英毕业,恰逢法国举办第十九届巴黎声乐比赛,经过层层选拔,她挤进中国前三,于是被文化部委派出国参赛,最后在36个国家选送的百余名参赛者中位居第二,被法国媒体称为"中国飞来的夜莺"。

1993年,老牌的法国高蒙影片公司筹拍普契尼的歌剧《蝴蝶夫人》

的实景电影版,全球选拔女主角巧巧桑的扮演者,并专门邀请了一年前在法国声乐比赛里拿奖的黄英。1994 年 1 月,黄英在巴黎试镜,凭借一曲咏叹调《晴朗的一天》得到了主演身份,导演弗雷德里克·密特朗说:"如果不是黄英主演,这电影就不必拍了。"片中,巧巧桑站在半山腰的临海住所远眺港口,期待丈夫平克尔顿归来的场面令人感动不已,而黄英更是展现了她的全方位实力。《晴朗的一天》的演与唱都达到新境,荡气回肠。此片于 1995 年 11 月公映,大获成功,成为歌剧电影从舞台化到实景化转换的典范之作。剧中日本角色皆由中国歌手担纲,片中另有扮演女仆铃木的中国女中音梁宁,扮演媒人的中国男高音范竞马,可以说,真正撑起这部法国歌剧电影的乃是中国之声,这也是中国声乐综合实力的体现。

出演电影之后,黄英开启了令人惊叹的职业生涯。她在德国科隆演唱了普朗克的《圣母悼歌》,在美国辛辛那提出演了卡尔·奥尔夫的《布兰诗歌》,参演了芝加哥交响乐团的马勒第八交响曲。1997 年黄英到纽约定居,并参演休斯敦交响乐团的《马勒第二交响曲》(又名《复活》),

● 黄英在电影《蝴蝶夫人》里扮演的巧巧桑

随林肯中心室内乐团在美国境内巡演。1998年,汤显祖的《牡丹亭》歌剧版全球巡演,黄英应邀出演杜丽娘。这次演出由中国作曲家谭盾打造成多媒体艺术,前卫派导演彼得·谢勒斯担任编导,东西方艺术的结合之美震撼了伦敦、巴黎、洛杉矶的观众。《华尔街日报》评论:"黄英丝绸般的音色对杜丽娘的诠释是全剧最吸引人的一部分。"

2005年初,丹麦国家歌剧院第一次向一位中国歌唱家发出邀请,他们邀请黄英主演德国作曲家理查德·施特劳斯最负盛名的歌剧《玫瑰骑士》,他们认为黄英优美的音色和对情感的掌控,可以更好地诠释作品的浪漫主义精神与人物身上的怀旧之情。8月,这部洋溢着晚期浪漫派情调的歌剧拉开帷幕,黄英再次为中国赢得了掌声。2006年底,黄英登上了纽约大都会歌剧院,演出莫扎特歌剧《魔笛》里的帕米娜,再度大获成功。黄英后来回忆:"演出结束时,剧院总监盖尔伯对我说,其实很早之前我就希望你有机会站在这个舞台上,今天的演出是我看到的你最好的一次。确实,为了站在这个舞台上,我等了10年。"

飞回故国

2007年7月7日,由郭文景作曲、林兆华导演的歌剧《诗人李白》在美国科罗拉多中央城市歌剧院上演,黄英饰演"月"。2010年,美籍作曲家周龙的歌剧《白蛇传》在美国波士顿歌剧院首演,黄英饰演白素贞。该剧是波士顿歌剧团的第一个大型舞台剧,获得了第95届"普利策音乐奖",也是前所未有的中美联手的成果。此外,黄英还在欧美各大歌剧院出演了威尔第的《福斯塔夫》《弄臣》,莫扎特的《费加罗的婚礼》《唐璜》,多尼采蒂的《爱之甘醇》等歌剧,角色和歌唱风格的深度广度已然被欧美市场全方位认可。与此同时,她在国内舞台上也频频亮相。2008年,黄英参加了国家大剧院的新年音乐会,演唱了经典改编版的

《春江花月夜》和《我爱你,中国》。2010年,又作为上海的女儿演唱了上海世博会主题曲《致世博》。2011年11月20日,黄英在国家大剧院举办个人音乐会,演唱了《我为命运哭泣》《漫步街头》等经典歌剧咏叹调以及《我住长江头》《鸟儿在风中歌唱》等中国艺术歌曲。2011年10月19日,她在北京国际音乐节上与廖昌永、张建一等联手推出中国艺术歌曲专场音乐会……

20多年后,黄英接受国内媒体采访,回首前尘往事,感慨万千:

> 我非常荣幸地被法国电影公司Eroto选上,参演了《蝴蝶夫人》,扮演15岁的巧巧桑,当时我觉得自己就像被王子选中的灰姑娘一样。
>
> 那个十年,只身在国外,没有亲戚朋友、老师来帮助你,在陌生的环境里,学习语言,学习不同的曲目,付出了非常多。因为歌剧演员不光是要磨炼唱功,还要学习语言,除了唱中文、英文,还要唱意大利语、德语、法语。
>
> 文化和语言都是要泡的,不是一蹴而就的事情,我每年都花时间去意大利、去法国、去德国,跟声乐教练学语言,去看当地的博物馆、了解当地的文化历史,体会不同作品的风格。
>
> 歌唱家要建立自己的审美。西方音乐你要听,要知道中外一流的歌唱家是怎么演绎不同的作品的,听完以后,结合老师的指导,自己思考和体会,才能够在潜移默化中不断地进步。
>
> 歌唱演员是要用身体唱歌的,不光是要有好的嗓子。声音好的歌者一大把,不稀奇,光有声音没有脑子,不可能成为一个好的歌唱家。演唱的时候,要把身体里的不同空间都打通,要在自己的身体里营造一个音乐厅。
>
> ……

这是我自己的谱子，莫扎特的《唐·璜》，一部三个小时的歌剧，我演女主角安娜，她的对手是唐·奥塔维奥……因为是意大利文，所有的内容我都要逐字逐句地翻译、做标记，包括表情记号。还要去查作曲家，剧本作家的历史背景，把角色的性格理解透，每个场景要如何表演，都要心里有底。

内心有内容，你眼睛里才会有内容，才能够准确地把情感传达给观众……对歌剧演员来说，三分之二是案头工作，三分之一才是穿得光鲜亮丽地站在舞台上。真正的艺术家就是要能沉得下心，接受孤独，与孤独为伴，才能创作出好的作品。

弦乐篇

张贞黻（1904—1948）：

中国大提琴先驱

到延安去

张贞黻，奉化方桥镇西张村人，自小酷爱拨弄乐器。成年后，张贞黻娶奉化萧王庙望族孙氏家族、清朝末代进士孙锵的侄女孙杏翠。因为心系音乐，1928年，张贞黻考入刚刚成立一年的上海国立音乐学院，学习大提琴、小提琴及钢琴演奏。其时他已查出患有肺结核和腹膜炎，但仍坚持半工半读维持学业，并常常手持针管自行抽取腹部积水，与病魔抗争。

1934年，张贞黻毕业，任江西南昌怒潮剧社、江西省推行音乐教育委员会管弦乐队大提琴师。翌年秋重返上海，与谭抒真等五人考入工部局交响乐队，成为这支远东第一乐团的第一批中国乐师。到1936年，他还参与了由纯中国乐师组成的上海管弦乐团的筹建。抗战期间，张贞

工部局交响乐团时期的张贞黻

黻于1939年来到重庆,任国民党中央训练团音乐干部训练班教员,又兼任重庆励志社、中央广播电台、上海国立音乐学院、中华交响乐团等管弦乐队的首席大提琴师。1940年冬,经贺绿汀引荐,张贞黻与周恩来会面,不久奔赴延安,任鲁迅艺术文学院(简称"鲁艺")音乐系教员,致力于把陕北民歌和东北秧歌改编为管弦乐作品,并为西洋乐器民族化作了有益尝试,培养了一批卓越的学生。《中国人民解放军军歌》曲作者郑律成、民族歌剧《王贵与李香香》曲作者梁寒光、军旅指挥家时乐濛皆出其门下。

据香港学者周光蓁的专著《中央乐团史》称:"延安音乐演出史上最有名的演出,是1942年1月鲁艺音乐系举行的所谓'大音乐会'。"其中特别提到了张贞黻:"这次音乐会正规隆重,具有很鲜明的学院派风格……音乐系教师任虹按照传统的西方模式,为合唱队设计了演出服,上装是乌克兰式样的黑色衣服,领口和袖口均有白色花边,女演员则穿上了粗布做的裙子。这次音乐会的节目十分丰富,包括古今中外各种主要声乐和器乐形式。合唱大部分采用混声合唱,有表现男子汉的勇武的男声合唱《猎人大合唱》,还有纯净柔美的女声合唱《天使》……有'远东第一大提琴手'美誉的音乐系教师张贞黻,特意穿上了从大后方带到延安的演出服装燕尾服,演奏了《匈牙利狂想曲》《幻想曲》《加伏特舞曲》《风笛之歌》等外国大提琴乐曲。"

这次规模空前、专业水平很高、引起很大反响的正规音乐会,虽然博得了在延安的知识分子和文化人的好评,但引起了一些工农干部的反感。据说,一位从前线回延安学习的部队干部,听了一半就走了。他说:"我能打败日本鬼子,却战胜不了鲁艺的音乐会。"李焕之分析说,延安观众之所以排斥"唱洋歌",原因在于"听不懂"——恐怕这不是主要原因,根本原因在于,有人认为"洋歌"是西方资产阶级的玩意儿,缺乏政治性和战斗性,是脱离群众、脱离实际的。(参见《中央乐团史》)

抗战胜利后,到延安访问和采访的各方人士增多,周恩来觉得需要建立一支管弦乐队,"交响乐就是个花钱的事业"。遂指示去北平购买乐器,由叶剑英负责经费问题。1946年7月,隶属于中央办公厅的延安"中央管弦乐团"(中央乐团前身)正式成立,贺绿汀任团长,金紫光、张贞黻任副团长,李德伦任指挥。翌年,张贞黻随团经山西转移到河北,其时病情(口腔癌)加重,不断咯血,终于1948年12月24日病逝。由周扬、贺绿汀、柯庆施组成的治丧委员会,于12月31日在石家庄组织召开了追悼大会。

遗愿和遗墨

奉化区档案馆里,收藏着三张百年前发行的快转SP(即早期粗纹唱片,每面可录约4分钟,每分钟78转),两张是"胜利"唱片公司（VICTOR RECORD）唱片，一张是标有"月亭"公司"ODEON RECORD"牌子的。唱片主人就是张贞黻。20世纪30年代，他曾收有好几百张这种唱片。

张贞黻还是中国乐器制作业的开创者之一。据故乡亲友回忆，幼时的张贞黻曾无师自通地用石蛙皮、蛇皮、老胡瓜制作二胡、琵琶并演奏，遂催生他后来的乐器制作国产化之梦。由于小提琴、大提琴等西洋乐器十分昂贵，张贞黻早就有志于自己动手制作。1942年，在延安文艺座谈会上，他呼吁要重视乐器生产，得到毛泽东赞同后，随即开办延安乐器厂并自任厂长。北平解放前夕，张贞黻留下遗愿："一定要办起我们自己的乐器工厂。"1949年6月，李伯钊、金紫光调拨资金，派遣张贞黻的弟子陈艾生在北京市东安门19号，以"人民艺术服务社"为名建厂，该厂后更名为"新中国乐器工厂"。该厂从初期的承办小型乐器修理、乐谱印制与出版，逐步发展到乐器制作。1950年底，该厂曾试制一台立式钢琴，以"星海"命名，开创西洋乐器在中国制造的新纪元。

20世纪，中国活跃着一南一北两支交响乐团——上海交响乐团（前身即工部局交响乐团）和中央乐团，张贞黻是仅有的跟两支乐团都有不解之缘的人物。1935年，考入工部局交响乐团的张贞黻写下《上海工部局管弦乐队琐记》，称"这个乐队不但东方少有，就是欧美的大乐队在质的方面说也是不相上下的。因为他们那些乐师的出身处大部分是俄国皇家音乐院、俄国圣彼得堡音乐院、意大利国立音乐院、德国皇家音乐院等"。文中专门有一章节，标题为"记第一次参加上海工部局乐队练习"，如今读来，颇具文采：

> 上午九时，携着大提琴走上了上海四马路（今福州路）小菜场的第四楼，通过一条长廊，推开二重双扉的一个大厅，这便是上海工部局乐队的练习室。这时大部分乐师都闲散着，有

● 张贞黻拉琴时的风采

的在不着意地玩弄自己的琴,有的燃起烟卷在微笑,有的在散步,更有的在阅读报纸和信件……我是考入这乐队后第一次来到这里,所以很怯生地去拣了一个角落对他们坐下。

　　大约过了十几分钟,众人便各自归位就座了。从另一个大厅里跑出来一个短小精悍的老头子,秃头,戴着黑圈玳瑁老光眼镜,胡子刮得满面发青,看去威严得很,这就是指挥 Maestro Paci (梅百器) 了。他跑上指挥台,脱去了上衣,露出半身新换的白衬衫,右手随即提起二尺长的一支白筷子,两眼向前巡视了一周,接着便轻轻地在桌上敲了几下,一切声音肃然而止,我们练习的海登交响曲便开始了。

　　有人说钢琴是一个小型管弦乐队,弹者就是指挥那些键盘，就是乐师，这是的确不错的。看！大家是用了怎样全副精神使自己的手指运用如意呢！而指挥者 Maestro 又是用了怎样全副精神来向大家说明，每一乐句应该怎样顿挫，怎样连贯，怎样开拓，怎样起始，怎样流连，怎样收束呢！……大家的表情假如给 Maestro 发觉了有不显明处，或不妥当处，他便急速用他的指挥杆在桌上拍着，一直到他们全停了手，他的嘴里像是飞出一只百灵鸟似的"勒比比比……"唱着生动的曲调，或是用全身的动作来传达这个乐句所不能用人声表示的地方，于是大家领会了，从新再来一次，他的一举一动、一言一笑都极老练，恰当泼辣，精明，新鲜，大方，严肃，灵敏。使人暗暗心服。……

全部海登交响曲经过他一番指正后休息五分钟，全体就像脱了网的鱼，各自得空，闲散去了。Maestro 这时满头大汗，从裤袋里掏出手帕拭去了，打开他的烟盒子燃起一根烟来疏散他的精神，抽完了烟又拍齐了乐师，再复习一次，这回我得从头至尾顺流地听了一曲。

俞丽拿（1940— ）：

《梁祝》代言人

《梁祝》化身

俞丽拿生于上海，祖籍浙江鄞县姜山镇（今属鄞州区）。俞丽拿的父母都是中学老师，小婶是上海国立音乐学院钢琴专业的，所以，大家庭里的小孩都跟她学钢琴。1951年，俞丽拿进上海音乐学院附中。俞丽拿回忆报考的时候，说："我还记得我弹的曲目是《莫扎特奏鸣曲》……这个班最初有25名学生，包括刘诗昆。"半年后考试，结束时有个老师坐在教室门口，要求每个人都把手拿出来给他看看。后来分专业的告示贴出来大家才明白，原来老师是在选人去学习弦乐器，老师第一看的是手掌宽不宽，第二则看手指。手掌宽手指细一点的去学小提琴，手指粗一点的就大提琴，俞丽拿被分配学了小提琴。俞丽拿后来升入上海音乐学院管弦系，师从窦立勋、谭抒真，1962年毕业留校任教。

学生时代的俞丽拿最大的苦恼是小提琴受众面窄，不管是进剧场、工厂还是农村，他们都会挑一些普及性很高的外国作品来演，然而，台下的老妈妈老爷叔根本听不懂，"我们唱歌的同学随便唱两首中国歌曲，他们就喊再来一个、再来一个，热烈欢迎，我们早上6点就起来练琴了，比声乐系同学努力得多、用功得多，但我们不受欢迎"。那个年代，年轻人总想为国家做点什么，俞丽拿感受最深的是，小提琴几百年来讲的都是西方话，中国人不喜欢也不熟悉，为了让小提琴说中国话，上海音乐学院才成立了"小提琴民族化实验小组"。

1958年，上海音乐学院在全国各省深入生活，管弦系"小提琴民族化实验小组"来到浙江。从温州到宁波的路上，大家一路讨论国庆十周年献礼，写一部小提琴协奏曲的想法被一致通过。小组成员之一的何占豪对越剧很熟悉，越剧《梁祝》在全国早有知名度，他们便在给领导的报告上备注了一个《梁祝》。"学校党委书记孟波也是作曲家，他看到《梁祝》，就圈了《梁祝》……但在'大跃进'的年代，《梁祝》是格格不入的，他定了《梁祝》是要承担结果的。"

面对《梁祝》，俞丽拿觉得最难的不是技术问题，而是风格问题。"最难的是味道，它是越剧来的，你不熟悉中国戏曲，你就不可能拉出那个味道来。我虽然是浙江人，没用，因为我学的是西洋那一套。所以我们研究了中国戏曲，学了越剧唱腔，还学了二胡的拉法。这是一个全新的学习过程。"《梁祝》里缠绵悱恻、扣人心弦的滑音，即便是中国人也不一定能拉出风格，何况外国人。所以，俞丽拿并不赞同外国人一拉《梁祝》，中国人就宽容地叫好。

既美丽又拿手

作为《梁祝》团队的核心成员，俞丽拿不仅在创作期间多次向曲作

● 1957年5月兰心大戏院《梁祝》首演中的俞丽拿

者何占豪、陈钢提出宝贵意见,而且成为作品首演时的第一小提琴手,担当独奏任务。1959年5月27日下午3点,上海兰心大戏院,俞丽拿一头齐耳短发,一身白衣黑裙,第一次向公众演出《梁祝》,这一幕被永远定格在中国音乐史上。"那时我是大二下学期,差不多十八岁半,对这么一首全新创作的小提琴曲能不能为听众所喜欢心里完全没有底……当我拉完最后一个音,是一个很轻的泛音,全场一片寂静,我正纳闷,过了一会,现场响起雷鸣般的掌声,我终于放心了……后来中央人民广播电台到上海来采访这次的新作品音乐会,就录了《梁祝》回去播放,这个录音后来又制成了唱片,所以,全国其他地方听到的《梁祝》都是来自这个唱片,我的名字也是因为《梁祝》第一次为大家所知晓。"

20世纪60年代,有一次俞丽拿被邀请参加在锦江俱乐部举办的舞会,周恩来也来了,而且邀请不会跳舞的俞丽拿共舞。其间周恩来谈道,《梁祝》太长了,能不能改短一些。俞丽拿思忖再三,觉得不能再改,因

● 《梁祝》三位主创，自左至右为俞丽拿、陈钢、何占豪

为《梁祝》有属于自己的故事情节，如果改短了，故事就会残缺，演绎出来的效果就会大打折扣。周恩来说："我不能苛求艺术家，能不能改，由你们自己决定吧。"从这件事，俞丽拿得到一个启示：如果你认为自己是对的，就要坚持。

1960年，俞丽拿担任第一小提琴的上海女子弦乐四重奏组（其余三位是丁芷诺、吴菲菲、林应荣）参加在东柏林举行的第二届舒曼国际弦乐四重奏比赛并获第四名，这是中国首次在国际弦乐四重奏大赛中获奖。1990年，俞丽拿作为第一位访问台湾的大陆艺术家，在台北演出《梁祝》。后半生的俞丽拿主要的工作是教琴，她的学生里有十多人在国际比赛中获得第一名，填补了我国在国际小提琴赛事中的多项空白。其中黄蒙拉和王之炅最为出名，前者是帕格尼尼国际比赛金奖得主，后者是梅纽因国际比赛金奖得主。值得一提的是，俞丽拿的儿子李坚尽管没有子承母业，但这位玛格丽特·隆国际钢琴比赛第二名获得者目前已经是上海音乐学院的钢琴系主任（详见本书"李坚"篇）。

俞丽拿根在宁波——2017年11月，她回到故乡姜山镇新张俞村。

半年后,她再次回到家乡,签约成立俞丽拿小提琴艺术基金宁波实验基地。

《梁祝》的版本

1968年,受当时热门的钢琴伴唱《红灯记》的启发,上海音乐学院教师谭密子会同丁芷诺、俞丽拿等尝试以弦乐四重奏的方式为京剧样板戏《海港》里的一些唱段进行伴唱,后又为了增加气势加了钢琴声部,变成弦乐五重奏钢琴伴唱,并于1975年在中国唱片公司发行了黑胶,俞丽拿也参与了录音。这是俞丽拿的录音梳理工作中较易受忽略的所在,但毕竟是历史真实与时代气息交融的见证。

回到《梁祝》。这个作品能够在"大跃进"时期问世、公演并受欢

● 俞丽拿参与的弦乐五重奏钢琴伴奏版《海港》唱片

迎，纯属共和国历史上不可思议的个案。这意味着，世道无论朝什么方向变化，人类的情感诉求总是无法被彻底漠视的。直到"文革"结束前，《梁祝》的录音一共只发行了两种：一种是1959年的俞丽拿独奏单声道版，这是中国唱片社借用中央人民广播电台的设备所完成的《梁祝》首录；一种是1961年的沈榕独奏单声道版。两者的伴奏，都是樊承武指挥的上海音乐学院管弦乐队。其实沈榕也是上海音乐学院的"小提琴民族化实验小组"成员，《梁祝》完成时，据当时的上海音乐学院决策层的安排，俞和沈分别承担AB角。

《梁祝》产生于1949年后，受时代主流话语影响，即使作品里高举那个年代的奢侈品——爱情的大旗，但其基本框架还是强调了无处不在的革命性，祝英台的音乐形象与其父亲代表的封建礼教卫道士之间的针锋相对，构成了作品里的主要矛盾，其轰轰烈烈之程度比爱情似有过之而无不及。而俞丽拿的演出，总体上还是侧重于斗争性的表达，抒情性一面的挖掘似显肤浅。俞丽拿在舞台上演出《梁祝》无数次，但从录音情况来看，如下五次代表了她毕生之于《梁祝》的最高贡献：1.1959年的史上首录；2.1980年版，陈燮阳指挥上海芭蕾舞团管弦乐队；3.1985年版，陈燮阳指挥上海交响乐团；4.1996年版，李坚指挥英国广播音乐会管弦乐团；5.2000年版，张国勇指挥俄罗斯国家管弦乐团（此版俞丽拿是用一把斯特拉迪瓦里名琴演奏的）。

以笔者的聆听心得，首录版虽然历史价值珍贵，但俞丽拿的演出还是显得稚嫩，且对忠贞不渝之爱情的理解也缺少生活阅历呼应，比较片面地突出斗争性，抒情段落亦较生涩。不过从另一方面讲，此版的珍贵也正是这种原生态的精神风貌。1980年版各方面有极大提升，主要是其个人对于作品蕴含之音乐形象及其复杂性有诸多全新感悟，也不乏朴素无华的综合气质拿捏设定，实乃《梁祝》史上众版里不可多得的佳演。事实上，对大多数国人而言，此版在很长时间里也是认识《梁祝》的唯一依据，只是当年大家都还缺乏音乐欣赏的版本意识而已。1985年版在原有基础上并无明显改观，但音效方面令人激赏，俞丽拿的处理风格亦有较多的细节呈现，此版乐队因为动用了大编制的上海交响乐团，故伴奏方面达到了空前圆满之境。

1996年版（贝图斯曼唱片公司发行）属于俞丽拿毕生最特殊的一版，因为指挥是其子李坚，所以风格把握上完全以独奏的自由发挥为主，乐队方面着力于提供宽阔厚重的支撑，而俞丽拿至此也似乎获得了某种基于丰厚人生阅历的新体验，于爱情主题的道出，带有前所未闻的沉思意味，昔日阶级斗争时代精神支配下的抗争主题亦有所淡化，颇有曾经沧海难为水之感。此版解读新境的产生其实也是《梁祝》走向国际化之后的某种必然。从亚洲范围而论，自20世纪70年代末起，日本小提琴名家西崎崇子亦大力推广《梁祝》，留下各种录音十来个，甚至有一版

● 小提琴协奏曲《梁山伯与祝英台》创作50周年纪念专辑

专门与《梁祝》首录的乐队原版人马樊承武指挥的上海音乐学院管弦乐队合作。但西崎崇子的风格拿捏与俞丽拿可谓两极，她以缓慢的语调突出了作品里的抒情性一面，其内省冥想及淡然的吟唱可谓自成一家，也呈现出作品的丰富内涵。所以《梁祝》绝不是只有某一类的解读，随着时间的变迁，她自可以有各种层出不穷之面目，这恰恰是作品的力量所在——近年，犹太小提琴家沙汉姆与水蓝指挥的新加坡国立管弦乐团有一版《梁祝》面世，这是《梁祝》之幸，更是中国之幸。

除了《梁祝》诸版，俞丽拿在20世纪80年代还留下若干中国小提琴小品录音，计有《在西北草原上》《良宵》《二泉映月》《牧歌》《夏夜》《新春乐》等，它们可说是《梁祝》的前后辈，或启迪了《梁祝》的创作，或受《梁祝》的影响，整体风格上都可视为《梁祝》的补白，目前已作为中国唱片上海公司的"典藏黑胶名版复刻系列"的第一款发行，令人激赏。归根结底，这也是宁波之幸事，宁波之荣耀。

马友友（1955—）：

享誉世界的大提琴家

马作的卢，弓如霹雳

马友友生于巴黎，1959年随父马孝骏、母卢雅文、姐马友乘迁居美国纽约。1962年，马氏姐弟参加华盛顿文化中心音乐会，肯尼迪总统到场。担任主持人并把马氏姐弟第一次介绍给全美电视观众的是20世纪音乐巨人伦纳德·伯恩斯坦。马友友的琴技得到华盛顿国会图书馆驻馆的布达佩斯四重奏组成员亚历山大·施耐德关注，后者促成大提琴泰斗巴勃罗·卡萨尔斯和马友友的历史性会面。席间，卡萨尔斯对马孝骏提议："你不要试图影响孩子，请让他自由发展。"马友友从未参加任何比赛，在随大提琴名家罗斯完成茱莉亚德音乐学院学业后，他选择进入哈佛攻读人类学，早早显露出不局限于一种身份的眼光格局。20世纪70年代，一场突发的腰椎疾病令他刚刚开始的职业演奏生涯几乎夭折，

马友友全家照

而目前为止,他已是历史上录制唱片数量最多的大提琴家,并保持着18次得格莱美奖的纪录。

马友友第一次赴台演出是1977年,第一次来中国大陆是1985年11月,他在上海市政府小礼堂演出,并在上海音乐学院讲学。1997年,他和作曲家谭盾合作《交响曲1997:天地人》,于香港回归之夜献演。2000年,他为电影《卧虎藏龙》演奏的配乐获得奥斯卡最佳原创音乐奖。1999年,纽约市政府宣布2月9日为马友友日,第46街为马友友街。2002年,马友友应邀在"9·11"一周年纪念会上演出巴赫的《萨拉班德》。2009年,马友友出席奥巴马总统就职仪式并演奏。两年后,奥巴马在白宫为他颁发自由勋章。

20世纪90年代起,马友友尝试音乐跨界,开始基于人类学层面探索音乐之源,在非洲草原、中东沙漠、巴西丛林寻访民间音乐。2001年3月,他的"丝路计划"在北京世纪剧院启动,并主奏了赵季平的《关山月——丝路写意》和朱践耳的《丝路寻梦》,用琴声诉说丝路沧桑,迄今已经推出五张相关专辑。值得一说的是他所经手的三把琴。1983年之前,马友友使用的是1722年制作的格弗瑞勒琴,原属法国大提琴家富尼埃。这以后,一位神秘人物把手中的大卫·杜夫琴(1712年制作)的使用权交给马友友,此琴原为英国大提琴家杜普蕾所有。20世纪90年代起,马友友又换了一把1733年制作的蒙塔尼亚纳琴,价值250万元美金。1999年,此琴曾在纽约出租车上失而复得。2005年,马友友携此琴完成返乡之旅。

唱片之海,马踏飞燕

1979年,马友友得到卡拉扬邀请,参与了德意志留声机公司(DG)的贝多芬三重协奏曲录音,这是他跟唱片业发生交集之始。2015年,索尼公司发行了马友友当时录音全集,共计90CD,曲目涵盖大提琴领域上至巴洛克时期,下至现代派的一切重要作品,而重中之重,当属巴赫的六组无伴奏组曲。此曲可称有多少名家就有多少录音,富尼埃、斯达克均留下至少4版唱片,笔者过耳亦在50种以上。马友友存世三套,一是1980年左右哥伦比亚广播公司(CBS)发行的,用的是那把格弗

● 马友友(中)和指挥大师卡拉扬(右)

瑞勒琴，声音厚重，但流动感充沛，左右逢源，这是呈献他青春活力和惊人技巧的一版，听之直如水银泻地。唯一的欠缺也许是慢板乐章拉法，可能低估了巴赫内在的深沉感，所以才有1997年前后索尼公司的修正版，即为用蒙塔尼亚纳琴演奏的第二套。彼时年过不惑，马友友已有新的人生感悟，渗透到演奏里，则是积淀与成熟陡增，且技巧方面未见丝毫回落，琴声的聚焦感，时时显出一种熔铸之力，音乐里呈现出一种无法归类的独特气质——这一切，也许唯有归功于他那多重文化汇聚的成长背景与人生历练之间多方面的契合吧。第三套是2018年8月29日于柏林发行的一套，汇聚了他大半生的感悟，但技巧上比前面两套略有不及，唯风骨呈现有过之而无不及。

室内乐方面最值得一提的是贝多芬五首大提琴奏鸣曲，即20世纪80年代中期马友友在哥伦比亚广播公司与茱莉亚德同窗、波兰钢琴家安克斯合作的一套唱片，技巧上充分之自信，手下乐思流淌之顺畅，仿佛令传达音乐的工具——乐器被轻而易举地超越了。此种随心所欲的快意世所罕有。而第二奏鸣曲首乐章里一段大提琴峰回路转的句子，他做出了山重水复中柳暗花明的效果。其大幅度的情感激荡向来为听者津津乐道。这套唱片，马友友对乐圣早期的两首作品的演绎可谓无与伦比，若有不足，则在于后两首少了乐圣中晚期作品的深刻与沉郁。如此，亦期待马友友能够重录一版，并期待注入全新体验。

笔者最早在国内刊物读到关于马友友的评价文字，为中国科学院化学研究所原所长胡亚东先生所撰，见于三联书店《爱乐》创刊之初，如下段落深具感染力："他演奏德沃夏克的大提琴协奏曲时，充分地表现了作曲家的心情。第一乐章第87小节大提琴进入时，两小节速度及旋律都相似的乐句经过他在弓法上悠然自得的处理，听起来是一快一慢，错落有致，生动活泼。我听过自卡萨尔斯以来几乎所有大师的演奏录音，没有一位像马友友这样大胆把相同的两句奏成又错落又有序……马友友的处理演出，是高度潇洒的果断。也许这正是马友友的东方人文化素质的表现，像李白，又像苏东坡，潇洒！极为潇洒……"其实马友友对此曲录有两版，一个是马泽尔指挥的柏林爱乐版，一个是马祖尔指挥的纽约爱乐版，现在看去，无妨视为乡愁满满、指向故土的一种情怀流露，各有千秋。另一首不可忽略的是埃尔加协奏曲，由普列文指挥伦敦交响乐团伴奏，马友友用曾为此曲史上最佳演绎者杜普蕾所有之大卫·杜夫琴演奏，像是故意要一争高下。迄今所见马友友最精彩的视频演出，则是1990年在列宁格勒（今圣彼得堡）举行的柴可夫斯基150周年诞辰纪念演出，他独奏的《洛可可主题变奏曲》堪称惊天地泣鬼神，已入化境。

故乡明月，见鞍思马

15年前，笔者应邀加入民间组织"宁波市欢迎马友友乡长返乡献艺筹委会"，"投名状"就是一篇不甚成熟的乐评。该组织的发起者是甬上文化名流、走遍中国帝陵的第一人王重光先生。早在1995年，王老在咸祥附近山区寻访二战期间美军轰炸东京的机群坠落于宁波沿海的残骸时，无意间觅得马氏祖坟。更为意外的是，墓碑刻字竟是书坛泰斗沙孟海的手笔。此为1948年，身为蒋介石秘书的沙老正在溪口为蒋家修订族谱，听闻好友去世，仓促落笔，而风骨自见矣。

2002年9月，王老在电视上看到马友友在世贸中心废墟上为死难者演出的新闻，彻夜难眠，决意抱病发起一个探访马氏故里的志愿者行动，并将探访成果汇编成一本《月是故乡明》的册子。其间，王老深感需要一篇文字来专门评价马友友的艺术成就。经家父贺圣谟引荐，于是有了那篇题为《他属于全世界》的文字，算是倾当时之所有资料，对马友友的录音成果、风格流变、乐史地位略作论说。这本册子后经小港李氏家族成员、加州华侨名流李名信先生之手递交，马友友不久回信说："希望有一天能实现访问宁波。"2005 年初，马友友返乡演出计划启动。其实之前数月，中国大陆方面经纪公司及赞助商梅赛德斯奔驰公司就已实地考察南苑饭店和新落成的宁波大剧院。因为马友友对花粉过敏，演出合同条款里甚至提到确保在甬期间全程空气质量。2005 年 9 月 21 日，马友友亚洲巡回演出消息发布，全程七站，宁波之名，与台北、桃园、香港、东京、首尔、上海同列！

2005 年 11 月 10 日午后，马友友搭乘港龙航班抵达栎社机场，二时许入住南苑饭店。恭候多时的"宁波市欢迎马友友乡长返乡献艺筹委会"会长、耗资十余万元购买演出门票馈赠亲友的甬上儒商鲍正良先生代表家乡，向马友友送上了三件礼物：第一件是专为马友友一人精心设计定制的画册，题为《故里风光》，内含马氏祖屋、祖坟照片，以及一份含有马友友一家姓名的马氏宗族谱系图；第二件是咸祥镇文化站邵鹏翱设计并制作的一只水晶瓶，内含一抔取自马氏祖居地下的故土；第三件是一幅具有民族传统特色的寿幛。彼时马友友刚过五十岁生日，筹委会请工艺美术厂的几位退休师傅耗费一月工时千针万线赶制而成。此红底黄字绸缎制品长两米，宽一米半，寿文"云中白鹤游超旷，石上青松处洁清"则由家父敲定，并请沙孟海书画院院长、沙孟海先生关门弟子张忠良先生落笔。据鲍正良先生回忆，收下礼物后，马友友跟他有过长达两分钟的紧紧拥抱。2005 年 11 月 10 日下午四时许在宁波大剧院举行的新闻发布会上，马友友还收到宁波官方的一件礼物，那就是马氏家族祖居中属于其父马孝骏名下的房屋土地证和房产证复印件。

万里寻根，萧萧马鸣

马友友在甬期间，笔者曾有三次机会与他交流，第一次是新闻发布会举手提问阶段，在苦等各大媒体客套式问答十分钟后，笔者终于发声，

故乡人民赠给马友友的寿幛

问了两个问题：一是身为一个古典音乐方面的顶尖人物，何以会有跨界之举？马友友突然站立起来说，你问了一个很好的问题……二是此行是否会前去祖坟祭扫？马友友当即表示肯定。发布会结束后，马友友专门走下听众席与笔者握手。两个问题，一为自己而问，一为集体而问。当晚，"宁波市欢迎马友友乡长返乡献艺筹委会"成员王重光、陈爱娣、鲍正良、丁唯真、陈炯炜、葛险峰及周萍等，全数聚集寒舍，欣赏唱片及听笔者讲解，预习次日马友友的演出曲目。第二次交流是在演出结束后，笔者与王重光先生上台献花，并向马友友介绍王老，在全场掌声里见证了马友友和王老的拥抱。第三次交流是随后奔驰公司于三江名府举行的答谢酒会上，笔者冲破重重防线挤到马友友近旁，掏出一张哥伦比亚广播公司发行的由他演奏的肖斯塔科维奇第一大提琴协奏曲唱片请他签名。当时局面几乎失控，担任马友友安全顾问的FBI华裔警官把我的手腕紧紧捏住，马友友伸出食指示意只签一个，于是笔者得到了他在中国

● 马友友在宁波的见面会

大陆的第一个中文签名。

　　关于马友友宁波演出的质量，笔者已经在各种场合、文字里提到过，本文只说两件事，一件是曲目和鼓掌问题。马友友这次亚洲巡演的曲目是巴赫无伴奏大提琴组曲里的第三、五、六组，每组六段舞曲，共计十八段，中间休息两次。十八段如果每段演罢都鼓掌的话，整晚气氛就毁了，但好客的宁波观众还是在头两曲结束后报以掌声。马友友从第三段结束起，用视线将台下逼住，并不由分说进入下一曲，将多余的掌声轻轻地挡住，在座的倒也立刻适应了。这便是马友友的现场掌控力，可见音乐家也讲情商。另一件是加演曲目安排，他挑了意大利电影配乐大师莫里康尼的《海上钢琴师》主题曲《随风摇摆》，游子、乡愁等意蕴纷至沓来。

　　据事后得到的消息，2005年11月12日上午，马友友冒雨前去咸祥镇黄牛岭。几段山路充满泥泞，一行人披荆斩棘，来到马氏祖坟前，这位当代世界身价最高的大提琴家一头扑倒，感慨万千。当日午后，马友友又赶去栎社机场飞往上海，刚好赶上下午在上海音乐学院的大师班授课……

● 马友友祖父马明扬墓碑,沙孟海题

益者三友,代马依风

2017年8月,马友友的姐姐马友乘博士率父亲马孝骏先生组建的纽约青年交响乐团访问宁波并演出。笔者与她有过一场晤谈。她说起此次返乡,也跟母亲卢雅文不久前去世有关。年近古稀的马友乘思乡心切,遂应故乡邀约,先亮相于上海夏季音乐节,宁波演出结束翌日又赶往咸祥镇故里,祭祖访友,19日又赴杭州演出,为此行收尾,并在保利剧院举行一场别开生面的琴童互动交流会。两岁半开始学小提琴、三岁开始学钢琴、七岁开个人演奏会的哈佛医学院博士马友乘在回答听众提问"儿童几岁适宜学琴"时,有一个基于幼儿生理发育水平的回答,给大家留下深刻印象:"能分辨色彩时即可学琴!"16日傍晚,马友乘女士在媒体见面会上,也曾分享如下一段往事,给在座诸位带来不少启示:童年学琴时姐弟屡有顽皮举动,其父马孝骏博士也曾行使高压手段,但姐弟自有应对手段,那就是用琴声奏出尖利怪声模仿人声求救,令乃父下不了手。现在回忆起来,犹觉渗透其中的浓浓亲情,令人感慨。可见学琴乃是整个家庭之事,孩子琴艺的进步也带动全家凝聚力的提升,适度严格与科学手段亦有益于创造力的激发。

16日晚的宁波演出，马氏团队可谓打出了两张牌：一为青春牌，这从曲目选择上即可看出，如莫扎特单簧管协奏曲的首乐章、维瓦尔第小提琴协奏曲《四季》之《夏》、柴可夫斯基小提琴协奏曲的末乐章，无不充满生命的跃动感，亦与整支乐团朝气蓬勃的精神风貌相呼应；一为乡愁牌，比如下半场演出的德沃夏克第九交响曲《自新世界》的次乐章，专门为本次演出排练的《我爱你，中国》（改编自1979年的国产片《海外赤子》主题歌）以及加演的宁波民间音乐《马灯调》（卢竹音教授改编版），都释放着一种思乡之情。而在此特殊时刻，马灯之马，也暗合马氏家族之称，乡情传递于是珠联璧合。演出中场，咸祥镇的小友友大提琴乐团也同台献艺，更是应和了音乐会开场大屏幕上呈献的一段马友友的祝福视频所言："希望大家很快乐地聚一聚，能够在音乐中，说出内心的话！"期待马友友早日重返故里，再次用琴声抒发乡愁。

● 2005年11月11日晚，马友友宁波大剧院演出后接受作者献花

柳和埙（1927—2020）：

中国任期最长的乐队首席

家风传承，年少成名

柳和埙，生于上海，祖籍宁波。

柳和埙的祖父到上海经商，因为爱好国乐，家中丝竹常备。耳濡目染之下，柳和埙的父亲柳尧章（1905—1996）自小习钢琴、小提琴及大提琴。到20世纪20年代，柳尧章被聘请去刘海粟创办的上海美术专科学校及报业巨子史量才家里教琴，其水平可见一斑。柳尧章后来开办"中西音乐研究室"，并参与创建名载史册的大同乐会，在民间推广实践中西合璧的管弦乐的演出路子。柳和埙自小随父亲学小提琴，12岁时曾经加入父亲组织的乐队活动。

柳尧章的另一贡献是挖掘改编中国古曲。他在向国乐泰斗郑觐文学习了琵琶名曲《浔阳夜月》后，按照江南丝竹的形式将其改编为小合奏

● 柳和埙的父亲柳尧章

曲,这就是后来流传甚广的《春江花月夜》。此外,他还在上海首演了国乐名作《月儿高》。1927年12月1日,蒋介石和宋美龄在上海大华饭店举行婚礼,特地邀请宁波老乡柳尧章率大同乐会助兴。1932年12月13日在兰心大戏院,小提琴大师津巴利斯特访沪演奏会结束后,大同乐会也曾应邀同台演出,传为佳话。1933年,上海明星影片公司为大同乐会拍摄有声电影资料送芝加哥万国博览会参展,其中就包括《春江花月夜》的演出影像。柳尧章除了悉心培养儿子柳和埙走上小提琴演奏之路,还带出外孙、美国克利夫兰管弦乐团的小提琴手顾维舫,此是后话。

柳和埙出生后得到的一个诞生礼物是柳尧章自制的一套六个仿古的埙(一种中国古代吹奏乐器),这也成了他名字的来历。他属和字辈,同族长辈里的柳中亮和柳中浩是旧上海电影业巨子,共同创办国华电影公司,抗战后又成立国泰电影公司(也就是上海电影制片厂前身)。柳中亮之子柳和清与柳和埙同辈,其妻即祖籍宁波的大明星王丹凤。1940年,上海青年会举办国际儿童音乐比赛,柳和埙已过了12周岁的报名规定年龄,但是评委丁善德、窦立勋、吴乐懿等一致决定授予他小提琴比赛

● 1940年，13岁的柳和埙（左一）参加少年国际音乐比赛荣获一等奖

第一名。从柳和埙保存的当年上台领奖的合影里可见，领奖的除了柳和埙，还有钢琴组的巫漪丽。70多年后，保持毕生友谊的两位耄耋之年的音乐家曾经在上海交响乐团咖啡厅重逢。

柳和埙10岁时，父亲为他办理了上海工部局交响乐队每周六上午在兰心大戏院的排练旁听卡，当时听众可以从楼厅进入。正是这种耳濡目染，使得柳和埙自小有了进工部局交响乐队拉琴的念想，但是谈何容易。据文汇出版社出版的《上海交响乐团140年》一书记载，1927年（也就是柳和埙出生那年）时，小提琴手谭抒真以实习生身份加入乐团。到1935年，又有若干华人乐手加入，其中包括本书提到的宁波奉化籍的大提琴家张贞黻。

四十六年乐手，三十八年首席

柳和埙17岁时考入上海国立音专，19岁时也即1946年，他加入由李德伦等在上海临时组织的中国交响乐团，与马思宏、谭抒真、司徒华城等一起演出。留存至今的一份节目单里第一小提琴一栏出现了柳和埙的名字,这是柳和埙首次以乐手身份进入公众视野。这场演出指挥是傅兰格教授,时间是民国三十五年(1946)三月一日下午五点,地点是兰心大戏院。不久之后,柳和埙经工部局交响乐队第一个中国乐手谭抒真介绍,加入这支历史悠久的乐团。直到1992年退休,他一直为这支乐团拉琴。柳和埙之前,工部局交响乐团的小提琴首席是意大利人富华,富华后来成为指挥梅百器的继任,首席位置由俄国人泰保斯基接过,泰保斯基不久因年龄之故离团。新中国成立前后,工部局交响乐团先是改名为上海市政府交响乐团,后又改名为上海交响乐团,外籍乐手基本绝迹。1954年,经过团内演奏考试和民主投票,柳和埙以最高票坐上小提琴首席位置,成为上海交响乐团的灵魂,连接指挥和乐手之间的桥梁,直到1992年退休,时长达38年,成了音乐史上的一出传奇,不单是国内空前,国际乐坛也属罕见。

除了担任首席小提琴手,柳和埙还常常以独奏家身份亮相。据谭国璋先生提供的一份1953年的节目单显示,这年9月19日、20日连续两晚8时在上海陕西南路文化广场举行的第十一次经常音乐会上,柳和埙曾经独奏了法国作曲家圣桑的《回旋狂想曲》(指挥陆洪恩)。指挥家曹鹏曾说:"他(柳和埙)坐在首席位置上,我们指挥起来很放心。"柳和埙见证了上海交响乐团的历史。1957年苏联小提琴大师大卫·奥伊斯特拉赫到上海演出,柳和埙是当然的乐队首席。1955年,他作为中国代表团成员参加在波兰举行的第五届世界青年联欢节演出活动,其中就包含了由韩中杰指挥上海交响乐团的一场音乐会,这也是我国乐团第一次在国际舞台上举行的交响音乐会。1975年,他随团参加澳大利亚、新西兰演出。1979年,他与小泽征尔率领的波士顿交响乐团联合排练柴可夫斯基第六交响曲,与波士顿首席约瑟夫·希尔维斯特里并排坐镇第一小提琴位置。1987年,他以上海交响乐团首席身份参加了在日本

● 1979年3月,上海交响乐团与波士顿交响乐团联合排练中的柳和垻(前排右)

组建的由全球各著名乐团首席组成的世界爱乐乐团的演出。1990年参加庆祝纽约卡耐基音乐厅100周年庆典音乐会及美国16个城市的巡演。1992年随团赴德国、瑞士、意大利巡演,又为新一代首席张曦仑与王希立走向台前提供了支持。

上海交响乐团的后辈大提琴手朱顺华曾回忆柳和垻当年喜欢在排练间隙用宁波腔调讲笑话,同行间常常因此哄堂大笑。2020年4月8日,柳和垻以93岁高龄逝世后,宁波媒体曾经专程到沪采访其家人。其小女儿柳韦告诉老乡:"爷爷奶奶都是宁波人,所以我们全家都会讲宁波话,喜欢宁波菜,20世纪90年代爸爸曾经到宁波寻根,但因为拆迁,结果很遗憾。爸爸平时爱吃奶油蛋糕、芝士饼干,做得一手好菜。爸爸基本功很扎实,他讲过,谁能像我一样一本手指练习曲拉三年,别的什么也不碰,谁就能像我一样吃老本。爸爸在家几乎不练琴。"

管乐篇

石人望(1906—1985)：

中国口琴一代宗师

电台教授

石人望原名石惠良，浙江宁波人。3岁丧父的石人望，6岁时随母从鄞县到上海。母亲章启英是音乐教员，直接影响了石人望。读初中时，他的唱歌天赋被合唱队老师发现，但家境所迫，他只好在高中阶段辍学，而他并未放弃学习音乐，跑到四川路青年会参加口琴训练。当时尚无国产口琴，他只得去乐器店买了一支德国造的沙维尼亚牌子的20孔琴开始学习，口琴几乎就是最便携的乐器了。口琴班的学费石人望也无力承受，所以只有靠自学。彼时的上海滩，众人皆视钢琴、小提琴为高尚乐器，口琴则如小儿科，石人望有意改变此种局面。

1932年，石人望在家里开办了一个口琴学习班。经历十余年的磨炼，他的技艺早已突飞猛进，但他收费低廉，所以吸引不少学生。当时他家里寄住着三个大夏大学(今华东师范大学)的学生,也跟着他学琴。经他们介绍,石人望很快在大夏大学建立了一支口琴队。大学生的参与,对于口琴的普及是一剂强心针,石人望的社会影响力稳步提升,甚至上海各家电台也来请他做"电台教授",即通过电波来教授口琴,石人望于是名声大噪。1932年,石人望在北京路祥生汽车公司楼上租下一间套间,创办"大众口琴会"。消息传开,不到两天报名就已满额,于是只好另开一班,依旧无法满足需要。次年,他又在亚尔培路、福熙路租了一幢三层楼的房子,开办规模更大的口琴艺术学校,夫人钱文玮做他的助手,几个学生前来帮忙收徒,整幢楼热闹非凡。1936年,石人望在上海首创"全沪第一次口琴锦标赛",次年举办了第二次,著名男中音葛朝祉就是第二次的得奖者。抗战初期,他又发起举办了"全国口琴独奏锦标赛"。这三次比赛,不单是对上海,对全国而言也是口琴艺术登堂入室的见证。

石人望的技巧,都是为音乐服务的。他的气息运用得法,乐感浓郁,耐人寻味。在漫长的演奏实践中,他创造了"小鼓奏法",还创造性地用八度加手震奏法,来表现雄壮明亮的音色,吹奏出优美圆润的抒情旋律,他是中国口琴界研究日本首创的"小提琴奏法"获得最大成就的人。在教学实践中,他对演奏技术进行了深入的研究,吹奏方法千变万化,能奏出优美的和声和强有力的伴奏,和弦、琵琶音、提琴音、鼓音、高音伴奏、大小伴奏、分解和音、半音等手到擒来。他还能用两三支口琴同时跳奏的方法,来克服某些复音口琴在和声和半音方面的不足,使演奏更加动听。石人望对口琴的改进也做出了重要的贡献,他曾监制德国和来口琴厂出品的口琴,并命名为"我你他口琴"(取大众之意),又监制上海中央口琴厂出品的口琴,并命名为"石人望牌口琴"。此外,他还为德国和来口琴厂监制手风琴,并举办了我国第一个手风琴学习班。

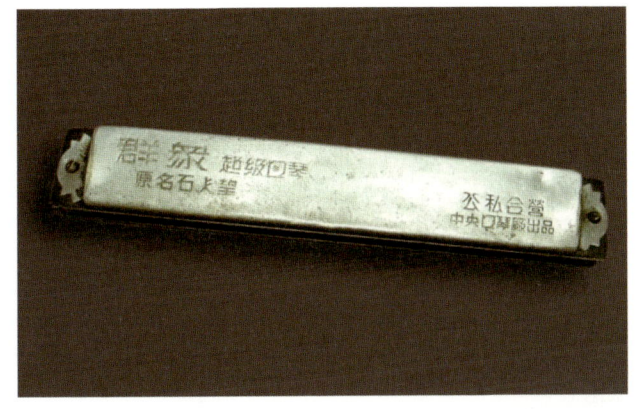

● 石人望牌口琴

人琴合一

1935年,日本口琴演奏家佐藤秀郎专程到上海,向石人望求教口琴艺术。两人成为艺术上的好友,经常切磋技艺。一次,石人望一曲终了,瞥见佐藤秀郎的口琴盖板上有"皇军"两字,虽然他明白艺术家不等同于军国主义者,但"皇军"两字实在触目惊心。他毅然转身,不辞而别。1942年,石人望应邀到苏州去做辅导演出。一位音乐老师闻讯,特地赶到石人望的住处,邀请他到草桥小学辅导该校小学生,石人望爽快答应了。到了玄庙观广场,石人望对数百名小学生说:"小朋友们,我们是中国人,所以我今天来给你们吹国乐。"说罢,他吹起了拿手的口琴杰作《凤阳花鼓》和《小放牛》。日本鬼子的巡逻队经过时,石人望吹起了节奏铿锵的《义勇军进行曲》,用小小的口琴,发出爱国的强音。

1951年7月18日,石人望举行义演,将演出所得全部捐出,支援朝鲜战场上的志愿军。1956年,南斯拉夫艺术代表团访华,其回国前,周恩来总理举行欢送宴会。当时,石人望正在北京准备参加全国首届音乐周,被周恩来请到中南海紫光阁,吹响了《凤阳花鼓》。8月28日,石人望等参加全国音乐周的艺术家们受到毛泽东、刘少奇、周恩来等党

- 石人望领导大众口琴队合奏的《寄生草》唱片
- 《石人望标准口琴名曲选》

和国家领导人接见。受此激发,在北京返沪的火车上,他一口气创作了《幸福的列车》《江南之春圆舞曲》《美丽的祖国》等口琴曲谱。

石人望继承和发展了东方的复音口琴音乐体系,把古今中外许多为大众喜闻乐见的歌曲和乐曲改编为口琴曲,运用口琴的技法把各种不同风格的音乐作品巧妙地表现出来。在口琴编曲方面,他首创了独奏加助奏这种音乐形式,善于运用创作中的变奏原则使主旋律得到发展、变化、丰富。他能遵循中国民族民间音乐的规律,创作出优美的前奏和引子,并运用加花变奏和转调变奏等手法把乐曲推向高潮。他总是用灵活多变的技法来处理乐曲,从不用生硬的伴奏来贯穿全曲。他编的口琴曲,如《金蛇狂舞》《南泥湾变奏曲》《纺棉花》《杜鹃圆舞曲》《卡门变奏曲》等,至今广为流传。石人望逝世后,新加坡《新明日报》刊出一则由海外14个口琴团体和20位著名口琴家联合署名的悼念诗《哀悼中国口琴一代宗师石人望先生逝世》:"一生献给小口琴,志在宣扬大音乐。桃李芬芳遍四海,妙曲遗音在人间。"

朱起东 (1913—1991):

中国小号奠基人

朱起东,浙江鄞县人。其父为小学校长,业余爱好音乐。朱起东九岁起随父亲学习小号,兄弟五人曾经成立"朱氏兄弟小乐队"。1934年,朱起东到上海学习会计专业,业余时间随美国小号名家肖奈克和俄国小号演奏家道勃罗夫斯基学习,得到商学学士学位后赴美学习音乐。1941年获芝加哥大学音乐学士学位。1942年获得阿美利坚音乐学院硕士学位。1945年获得美国西北大学音乐学院音乐哲学博士学位并留校。1946年归国,任上海沪江大学音乐系主任,教授理论及小号,同时在上海美专教授和声学和音响学。1951年起,任华东师范大学音乐系教授,并在上海音乐学院兼职教授长号、圆号及乐器法、配器法等课程。

中国管乐界一向把朱起东和夏之秋、洪潘和黄贻钧尊称为中国小号奠基人,或曰"中国小号四大宗师"。朱起东曾经翻译法国小号大家阿尔班的《小号－短号教程》,编著《小号独奏曲选》(共三集)以及《小号五声音阶日常练习》,著有《小号表演艺术》《音乐声学基础》等专著。此外,他还创作改编了小号独奏曲(如《山丹丹开花红艳艳》《阿拉木汗》《秋收》《送我一枝玫瑰花》《喜相逢》《故事》等)、练习曲、重奏曲以及乐队用曲共计一百余首。

小号是种古老的乐器,早在公元前15世纪的古埃及和日耳曼部落的图画中就有记录。历史上,小号通常被使用于军事或宗教事务,《圣经》中则将它与天使的声音联系在一起。中世纪出现了新式小号,文艺复兴时期小号以纯乐器身份而非发布信号的工具被引入宫廷。朱起东留美时,小号在美国地位不高,"不属于歌唱性的乐器,主要是表现雄壮效果的乐器",但他在学习中感悟到:"小号应该能表现优美,并且能以独奏形式令人欣赏。"为此,他摸索着将中国民间音乐的表现方式融入小号的演奏技巧,竟让美国听众赞叹不已。朱起东一生致力于小号的中国化和民族化。1986年,他在大病中坚持完成《小号表演艺术》一书,贺绿汀亲自作序。

2013年,上海音乐学院举行朱起东百年诞辰纪念活动,据朱先生的学生共同的回忆:"朱先生教学永远是鼓励为主,批评为辅,从未见到他对学生发脾气、训斥、挖苦,每当学生出现差错,他总是安慰说,不要着急,慢慢来,再来一次。"上海音乐家协会小号研究会常务副会长、当代著名小号演奏家王学平回忆他自己60多年来走过的路说:"1962年,'上音'附中第一次招生,我经过初试、复试竟然被先生选上了,先生当面和我说以后要好好吹。其实中间还有几次测试我都没去,直到最后一次复试我也没有去,当时先生让教导处林阳老师打电话找我。当时通知是传呼电话,家里大人上班,我听好传呼就一双塑料凉鞋、汗背心、平角短裤,从现在的田子坊到音乐学院北楼,走了近一个小时。因为先生的坚持,我才有今天。有一次专业考核,在考核之前我向高年级借了一把德国小号(平时我们用的是捷克小号),据说德国小号比捷克小号要

● 朱起东在授课

好,我进考场后才发现其中的区别还是很大的,结果考砸了。虽然这次考试我还是拿了高分,但之后先生走出考场对我说,前面用的不是你自己的号吧?哎,你看你!当时先生很生气,但话语中还是透露出了对我的关爱。"

据王学平回忆,"因为我文化水平不高,先生教我时从不讲大道理,就用通俗的语言告诉我吹号和讲话、唱歌的表情相似,要自然放松,声音好听是第一位的,声音好了,吹其他的都会好……呼吸时脸和喉咙都要放松,吸气速度要随节奏,不可过急过快,否则会使身体很多部位的肌肉抽紧,如果身体僵硬,吹出来的声音也就憋紧难听。这方法一直伴随我到现在,如今我在教学时仍沿用着朱先生的教学方法……业余学小号不能像专业的标准那么高,应该以兴趣为主,我就坚持先生教我的理念,人在松弛时吹气最舒服,只要吸气自然,吹起来就不吃力,旁人听起来不讨厌就成功了。"

陆春龄（1921—2018）：

中国竹笛之王

平民笛神

陆春龄，祖籍宁波。陆春龄是上海弄堂里走出的一代民乐宗师，也是甬籍音乐家里最显平民化的一位，他平生只以"吹笛人"自许。"我的知识也是来自人民，比如最好的笛膜是取自二十四节气中小满前10天的江南水乡的芦苇荡""这笛子，不仅材料便宜、制作简单，而且携带方便，很适合穷苦百姓自娱自乐。小小一根竹笛，清脆嘹亮，喜怒哀乐都可以表达，所以我从小喜欢。"陆春龄出生在上海南昌路的一户贫苦之家，这条旧式里弄，却有一支"陋巷乐队"，弹琵琶的，吹笛子的，拉二胡的，江南丝竹所需要的各种人才，应有尽有。他自小耳濡目染，6岁那年拜师学艺，师父就是弄堂口摆摊修鞋的老皮匠孙根涛。从此，陆春龄一根笛子不离手，老阿奶时常叹道："一天到夜，拿了根'竹管筒'，能当饭吃？长大了哪能办噢？"1934年，13岁的陆春龄在电台演奏《虞舜熏风曲》，其吹笛人之名方始为世人瞩目。1937年他参加紫韵国乐社，1940年又发起参与了中国国乐社。在上海滩，陆春龄蹬过三轮车，做过江南造船厂的车工，祥生汽车出租公司的司机，但他的所爱一直是笛子。新中国成立，陆春龄迎来从艺之路的转折。

1952年，陆春龄参与筹建上海民族乐团。1954年起，他在上海音乐学院兼职。1976年，陆春龄成为上海音乐学院竹笛专业教授。他一边演出，一边教学，逐渐名满天下。他曾8次受毛泽东接见（含6次演出），凭一支竹笛，去过70多个国家和地区。有一次去奥地利演出，因为莫扎特作有歌剧《魔笛》，故当地评论家称其为"中国魔笛"，"一支小小的竹笛，用乐队来伴奏，发出魔术般的声音，忽而优雅，忽而轻快，忽而庄严，忽而爆发，忽而流畅，有时它又构成声音的图画，宛如一阵诗

● 陆春龄（前排右一）和毛泽东合影

● 陆春龄在演出

意的风，吹进剧场大厅，紧紧抓住了观众的心灵……"

陆春龄无数次到工厂、农村、部队演出，矿场去得尤其多。20世纪60年代至80年代，江苏大屯煤矿、山东莱芜铁矿、南京九四二四铁矿、江西安源煤矿、海南石碌铁矿等，都曾有他的踪迹，他甚至深入井下为矿工演奏，还曾拿起沉重的风镐，和矿工们一起掘煤。1986年，时任上海市委书记的江泽民向英国女王伊丽莎白二世介绍陆春龄，陆春龄回忆："为英国女王演奏前，我把笛子放在一个架子上，一根一根介绍给女王。当我介绍到英国笛子时，女王眼睛一亮。于是，我用英国笛子吹了一首英国民间小调《乡村花园》，然后还演奏了《喜报》。女王听了很高兴，戴着手套和我握了3次手。"

遗产备忘

陆春龄曾考察河姆渡遗址，研究了先民的新石器时代文物骨哨，还研习各国民间管乐器，如印度苇笛、法国民间三孔笛、挪威一孔笛、墨西哥陶笛、捷克风笛、印尼沙林，还有德国、比利时竖笛，罗马尼亚民间笛，美国玻璃笛及自制塑料笛等。20世纪，竹笛艺术飞速发展，由于陆春龄、赵松庭两位大师的出现，笛子音乐才真正步入大雅之堂。中国的大部分笛子曲目都是由竹笛演奏艺术家本人创作的，专业作曲家很少给竹笛作乐，所以在很多情况下，笛子的演奏者同时也是作曲家。陆春龄不仅整理和改编了《鹧鸪飞》《欢乐歌》《小放牛》《中花六板》等名曲，还创作了《今昔》《喜报》《江南春》等民乐界经典保留曲目，它们集中反映了1949年以后的时代气息和精神风貌。

陆春龄留下的录音极多，上文提到的作品均有不同时代的各种演录传世，比较常见的合集是20世纪90年代香港雨果唱片公司发行的一张《喜报》专辑，这是数码录音，但是时间上已经过了陆春龄的全盛期，所以作品气息偏弱。另外所有作品都采用乐队伴奏的形式（夏飞云指挥上海民族乐队），此举其实值得商榷，因为乐队的加入，淡化了笛子独奏的浓度。这些录音，1991年也由中国唱片上海公司重新发行，题为《江南春——笛子宗师陆春龄从艺六十周年专辑》，为演奏家晚期演出的代表录音。目前看，以中国唱片上海公司发行的《中国民乐大师系列：笛子演奏家陆春龄》较为值得收藏，内收录音多为"文革"之前所制。但国内所见之陆春龄专辑CD应该说远未完整，笔者手头另有他50年代录制的用印度笛演奏的中国唱片公司黑胶版《特罗茄》《开尔登》诸曲就未见CD化，也可见国内唱片公司视野及诚意之不足。另外值得一说的是香港艺声公司曾经发行过陆春龄的《鹧鸪飞》专辑黑胶，实为20世纪50年代中国唱片公司录音的翻版。但艺声唱片在出版过程中，首先会将不太适合香港意识形态的内容弱化，其次会去除原有的版权信息，诸如在中国唱片公司中会出现的乐队乐团在艺声唱片公司中显示的是艺声乐团或者艺声乐队。以《鹧鸪飞》为例，陆春龄的《鹧鸪飞》是一张金唱

陆春龄印度笛独奏曲《特罗茄》唱片

片，曾经创造过百万以上的销量。在中国唱片公司发行的封面上，陆春龄先生身着中山装，香港版的封面给他换上了西装和领结。

只今唯有鹧鸪飞

　　陆春龄笛子艺术的独特风格，首先体现在运气上。他受昆曲的影响很大，讲求"气沉丹田"。这种运气的方法是，呼吸借助腹肌和腰肌强劲的支持力，使吹奏时气息大小缓急得以控制自如。除了运气，他还特别注重用上手拇指向内顶，下手拇指向外推，以保持笛身的平衡，并借以协调风门的远近、口风的松紧和力度大小的对比。正因为这样，他吹出的音色优美而醇厚，坚实而饱满，强而不躁，弱而不虚。其次，陆春龄在他改编和创作的乐曲中，经常使用别人不大用的第二泛音（即十二度超吹）。因为在笛子上吹奏第二泛音，笛膜几乎是不振动的。此时笛子的音色不仅纯净，而且音量小，极容易表现静谧的气氛。此外，在装饰旋律的指法技巧方面，陆春龄除多用江南丝竹常用的赠音和打音，以增强乐曲的韵味外，还十分注重小颤音和指震音的运用。

《鹧鸪飞》是来自湖南民间的曲子,也是陆春龄录制音带和灌制唱片次数最多的曲子。陆春龄的演奏着意形象的刻画和意境的创造,将重点放在"飞"上,通过不同的技巧,去模拟鹧鸪鸟忽高忽低、忽近忽远的"飞",塑造出鹧鸪渴望自由、渴望未来的形象。乐曲起始5小节4个长音的引子,全用颤音演奏,把实指颤音同虚指颤音(即手指在音孔上方快速扇动)巧妙地结合起来,再配合娴熟的口风所奏出的旋律,使人产生鹧鸪高飞的联想。慢板部分节奏平稳,曲调悠扬,音色浑厚、圆润,时有直接表现鹧鸪振羽的穿插。末尾两小节的颤音,不仅同引子的颤音遥相呼应,也会让人们产生仿佛望见那鹧鸪远逝天际之感。聆听此曲,可以领会陆春龄的技巧高超,气口精妙,音色纯净,指法奥妙。此曲不仅闻名于世,亦令他灌制的唱片荣获中国首届(1989)金唱片奖。

《小放牛》原是戏曲中的"吹腔",被陆春龄用笛声勾勒出了一幅春牧图,一幅江南水乡的风俗画。乐曲前一部分以民间乐曲《老六板》为引子,紧接着的旋律舒缓而稍自由。听着这优美的旋律,人们不难想象出牧童横骑牛背,迎着阳春三月扑面而来的熏风,手执短笛、引吭高歌的情景。《今昔》(1957)是陆春龄的原创处女作,作品首段以优美的山

香港艺声公司发行的《鹧鸪飞》

歌般的乐句为引子，情绪欢欣、酣畅。中段是对痛苦往事的回忆，同首段形成强烈对比。末段是首段的反复，由于音调提高了四度，加花而使音符变得密集，气氛也显得更为热烈。《喜报》作于1959年，乐曲受北方风格影响，技巧上较多地运用了历音、吐音和滑音，再辅之以充沛的力度，乐曲显得激越高亢、热情奔放。不过站在历史高度，陆春龄此曲也体现了他创作上党性至上的特征。1962年，陆春龄到上海郊区金山卫体验生活，与曾加庆合作了《江南春》。这是陆春龄演奏曲目中篇幅最大的一首乐曲，乐曲的基本素材为《四大景》，前奏中两声杜鹃啼叫，加上笛子奏出的江南农村田歌音调的引子，江南水乡的旖旎风光即已呈现眼前。乐曲中八度的跳奏，顿音的运用，充分呈现了水乡春耕繁忙的喜人景象。

● 香港马可孛罗公司发行的陆春龄演奏唱片

指挥篇

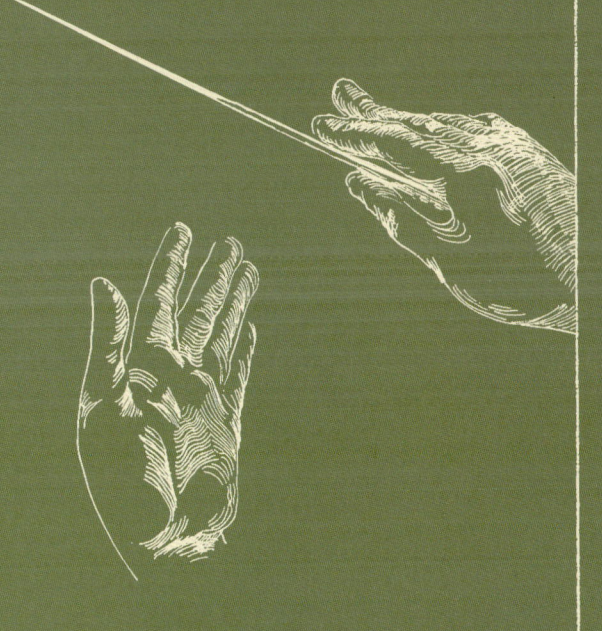

姚关荣（1936—2021）：

莱比锡指挥学派的中国传人

2019年2月20日，姚关荣先生飞抵故乡宁波，参加为庆祝中华人民共和国成立70周年而举办的"音乐宁波帮"系列专题音乐会。24日晚在宁波大剧院，姚先生除了指挥宁波交响乐团演出小提琴协奏曲《梁祝》、李焕之的《春节序曲》、德国作曲家韦伯的《邀舞》，还举行了自己的第一交响曲的中国首演。2月22日上午10时许，笔者利用姚先生排练间隙采访了他。

中国第一个公派留德指挥家

姚关荣的父亲是镇海（现北仑大碶）人，在旧上海经营一家金笔厂，善弹中国传统乐器月琴。20世纪30年代为避战乱，姚家迁到湖北。姚关荣1936年2月15日生于武汉，4岁就在街头高唱《义勇军进行曲》。抗战结束,姚关荣回到上海入建成中学就读,音乐女教员谭玲做了他的启蒙老师。11岁时,姚关荣指挥校童声合唱团在天蟾舞台演出,从此立志,"生活在和声的美感之中的喜悦,音乐成为自身的需要和流露"。1954年,他考入上海音乐学院作曲系,师从丁善德。翌年,因为资质优异,成为新中国第一个被公派去东德(民主德国)的音乐专业留学生,到莱比锡高等音乐学院专攻指挥。值得一提的是,近年本地有关方面在宣传姚关荣先生时,称其为"第一个赴欧留学攻读指挥专业者",此说有误。因为早在1953年,李德伦就被派往莫斯科音乐学院,成为指挥系教授阿诺索夫的研究生。

莱比锡是音乐之城,巴赫曾在此生活27年。据姚关荣回忆,他的毕业证书上打的钢印就是巴赫的头像。1955年到1961年,姚关荣在莱比锡求学期间,师从指挥系主任弗兰茨·荣格以及教授海因茨·罗格纳,并在四年级时选了作曲为第二主课(宁波演出当晚加演曲目《凤阳花鼓赋格曲》,即是其毕业作品)。留德最后一年,他在莱比锡取得指挥和作曲两门满分的毕业成绩后,又转到魏玛音乐学院师从赫尔曼·谢尔欣。姚关荣的师承关系值得大书特书,尤其是罗格纳和谢尔欣两位,皆属20世纪下半叶乐坛巨匠。二战以后,出于历史原因,东德方面的艺术家特别是莱比锡指挥学派在西方影响力式微,其让音乐自己说话的客观风格与西方强调个性的浪漫风格相左,一度被认为已退出历史舞台。但20世纪80年代起,罗格纳在日本将莱比锡学派精髓熔铸于读卖日本交响乐团,东德指挥群像重受世人瞩目,而罗格纳及其他一众东德指挥名家的日本音乐会录音目前也成乐迷追捧之神物。可以说,姚关荣是莱比锡学派在中国的唯一承继者。

谢尔欣在乐坛久享怪才之名,并无科班专业背景却写出一本《指挥法》,成为德国音乐院校的教材,其人对音乐的解读特别是在速度把握上屡屡出人意表,有数量庞大的录音遗产为证。谢尔欣与中国有缘,其妻

姚关荣的老师——指挥巨匠谢尔欣

子萧淑娴为旅欧作曲家。萧淑娴的父亲萧伯林即上海音乐学院创始人萧友梅之长兄，女萧桐为著名先锋派作曲家。"德国两位大师帮我解决了指挥这行的基础性问题。"关于海外的游学经历，姚关荣谈得较多的还是改革开放之初他去西德演出结识匈裔英籍指挥家索尔蒂爵士的往事，"他很随和，演出时拖儿带女，排练时特别邀请我坐到乐队中间，我就在单簧管手的旁边，在乐队立场上来听他们发出的声音，那次他是排练一个歌剧《法斯塔夫》（作者注：威尔第作曲）。"

中国电影音乐执棒人

1961年10月，姚关荣指挥中央新闻纪录电影制片厂管弦乐团（即新影乐团，80年代后改名为北京电影乐团及中国电影乐团，姚关荣后任业务副团长及首席指挥）在北京音乐厅举行了向祖国汇报演出的首场音乐会,曲目含巴赫的 b 小调第二管弦乐组曲,长笛声部由该团首席郭玉勇担任。姚关荣则从中央音乐学院借来一台羽管键琴,亲自演奏并指挥,以规范的巴洛克风格奉献了一台古色古香的演出。观众席上的民主德国外交官曾发表如下的听感:"像这样的以巴赫时代的形式演出巴赫的音乐,现在即使在德国也不多见了。"

改革开放前姚关荣演出西方古典音乐的机会寥寥,他的隶属单位是中央新闻纪录电影制片厂管弦乐团,所以,归国后的 24 年,其主要工作是为国产电影录制配乐。据统计,姚关荣指挥演出配乐的电影有 200 余部,以至于他和长影乐团的尹升山、上海电影乐团的陈传熙一起,成为国产片演职员表里出现频率最高者。姚关荣指挥配乐的影片里,受众最广者属《地道战》,计有 20 亿人次观影,被载入吉尼斯世界纪录。其他的作品较为人熟知的有 20 世纪 60 年代的《怒潮》《野火春风斗古城》《抓壮丁》,70 年代的《南征北战》《侦察兵》《决裂》,80 年代的《海囚》《血,总是热的》《武林志》《阿凡提》《寒夜》《边城》《人生没有单行道》以及电视剧《蹉跎岁月》《少帅传奇》等。值得一提的是,1976 年姚关荣参与的影片《南海长城》,为刘晓庆的银幕处女作,片中演职员栏里,可以看到配乐指挥名单里除了姚关荣另有陈佐湟。1996 年,中央乐团改组成中国交响乐团,陈就任音乐总监,此是后话。

1982 年 5 月,姚关荣指挥长影乐团为 1000 多名工人演奏了贝多芬《A 大调第七交响曲》。演出前,他向听众做了简要的导读说明。演出终了,姚关荣发表感想:"我是在德国留学的,多次指挥演出过贝多芬交响曲。但像今天这样,贝多芬的作品引起大家如此强烈的共鸣,还是第一次。我深深地感到,贝多芬的音乐是为人民而创作的,只有人民才能出自内心地、深刻地理解贝多芬。今天的音乐会使我加深了对贝多芬的理解。"姚关荣真正开启严肃音乐指挥生涯是在 1978 年 10 月,他受中央乐团邀请,以客座指挥身份演出大获成功,他指挥的贝多芬《第一钢

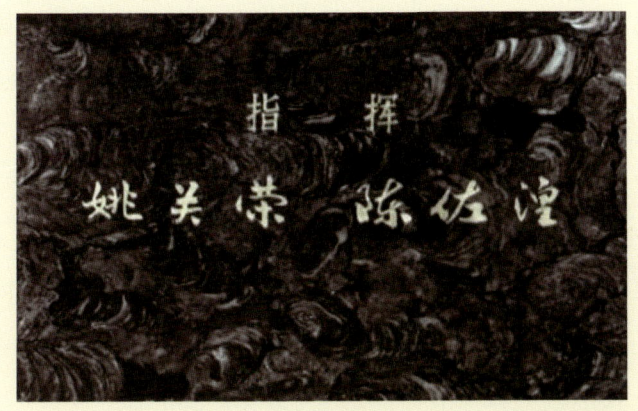

● 影片《南海长城》演职表里的姚关荣

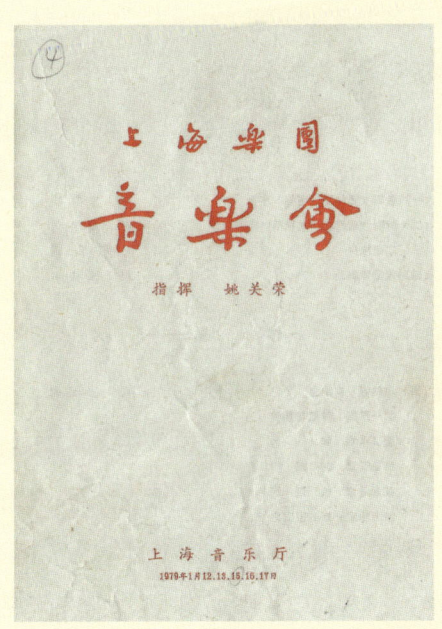

● 1978年12月姚关荣指挥上海乐团音乐会节目单

指挥篇

琴协奏曲》的独奏由宁波籍钢琴家巫漪丽担任。同年11月，姚关荣首次与上海交响乐团合作，演出五场，曲目含贝多芬第三、第五交响曲，柏辽兹《幻想》及普罗科菲耶夫第七交响曲。12月，他在上海音乐厅指挥辛沪光的交响诗《嘎达梅林》受到作曲家本人的盛赞："这是我听到过的最好的一次演奏。"

严肃音乐的推广者

1980年1月，文化部委派中国音乐家小组出访联邦德国，姚关荣受命作为改革开放后第一位访问欧洲的中国指挥家，指挥科隆广播交响乐团（此团为西德重镇，历史上曾与克伦贝勒、塞尔、汪德及贝尔蒂尼等指挥巨匠合作，留下名演无数）举行主题为"与中国相见"的全欧实况转播音乐会。据姚关荣回忆，当时任务紧急，他"仅仅有时间去王府井购置两套西装，就匆匆随中国代表团启程了"。整个出访长达一个月，演出曲目包括朱践耳的《节日序曲》、施咏康的交响诗《黄鹤的故事》、瞿维的交响诗《人民英雄纪念碑》、吴祖强改编的乐队版《二泉映月》、吴祖强等创作的琵琶协奏曲《草原小姐妹》以及施鸿鄂等演唱的艺术歌曲。西德负责转播的音乐部主任班特先生表示："姚关荣的指挥艺术即使用我们欧洲的高标准来衡量也是第一流的。"

姚关荣一直以推广中国作品为己任。1981年，他指挥中央乐团先后演出了田丰的《昨夜》《飞翔的大雁》《彝寨行》，刘庄的交响诗《梅花三弄》，周龙的《广陵散》，指挥中国电影乐团演出了陈怡、陈其钢、罗忠镕等作曲家的新作。1983年1月15日，他在首都天桥剧场指挥北京舞蹈学院管弦乐团首演巴金小说改编的芭蕾舞剧《家》（田丰作曲）。他也同样关注世界范围内的20世纪现代作品，1981年他应天津音乐学院之邀，为纪念巴托克百年诞辰的音乐会执棒，演出了作曲家的《匈牙利素描》《小提琴与乐队随想曲》,其学术价值为国内音乐会仅有。

1992年,姚关荣访美参加路易斯安那州立大学举办的"第47届当代音乐节",指挥该校新音乐乐团演出中、日、美的7部新作,含中国李炳良的《黄道曲》和夏良的《回忆》,得现代音乐巨匠约翰·凯奇激赏。这一年,担任深圳交响乐团总监的姚关荣还与瑞士海尔维特基金会合作举办了一场瑞士作品音乐会,指挥了瑞士当代作曲家史韦沙的《沙龙音乐》和《序曲》、奥涅格的《夏日田园》、奥特玛·肖克的《维兰·拉特克烈夫序曲》、保尔·莫勒的第一交响曲。1994年,经史韦沙推荐,姚关荣访问中欧小国列支敦士登,演出祖籍宁波的中国作曲家陈钢的《广东小曲二首》及英国作曲家布里顿的《简朴交响曲》,得中国驻列国大使夫人赞誉:"我们外交工作不到的地方,你来指挥一场音乐会就达到了。"2000年,应德国纽伦堡爱乐乐团邀请,姚关荣到纽伦堡歌剧院为纪念作曲家魏尔百年诞辰音乐会执棒,演出了《三分钱歌剧》序曲、小提琴协奏曲及第一交响曲。

首登柏林爱乐大厅的中国人

中国指挥家里,姚关荣以善于尝鲜著称。

"1978年,我感觉到中国进入新阶段,交响乐事业也应该迎来发展的春天。那时各音乐院团之间没有交流机制,不少音乐专业人才被局限在一个平台。比如我,指挥专业出身,但在当时的单位发挥空间不足,我深知同行也都有此苦恼,眼界和经验都因此受限。我想起留学德国期间,曾和国家领导人胡耀邦有过一面之缘,于是大着胆子给他写了一封信,贴上一张普通邮票就寄了出去。没多久,竟然有了回音,时任文化部部长董正出面作了口头指示,认为指挥交流体制有理,要支持。因为我的一封信,开了先例,推动了交响乐在中国发展的历史车轮,这是我这辈子最骄傲自豪的一件事。"

1985年，正值盛年的姚关荣告别北京南下，主持组建深圳交响乐团。据姚关荣回忆，此行缘起于飞机上一位萍水相逢的乘客的建议："为什么不去深圳呢？那里刚成立一支乐团，很需要人才。"深圳虽居特区之列，但彼时前景不明，改名前的深圳特区交响乐团大本营挤在深圳戏院对面一幢小楼里，姚关荣初来乍到，幸得市委书记梁湘支持，于是亲自招兵买马，将乐队成员从三十扩展到五十。当年国庆，乐团推出纪念冼星海80周年诞辰音乐会，市政府领导带头上台演唱《黄河大合唱》。这以后，乐团开始推出定期音乐会。翌年元旦，深圳终于有了一台自己的新年音乐会。

不过好事多磨，特区发展伴随摸石头过河的诸多反复，深圳乐团一度被要求朝轻音乐团经营，以适应市场化需求，而乐团也一度变为艺术团建制，远离古典音乐传统。关键时刻，姚关荣身上的德国式韧劲发挥威力。1988年，乐团首访香港演出。1989年，乐团举行"春之声"音乐会，香港《新晚报》以"前景充满明媚阳光"为题报道盛况。身为政协委员，他还提过在深圳建设拥有管风琴的音乐厅的提案，终得落地开花。1997年，姚关荣带领深圳交响乐团开启德国、捷克六个城市的巡回演出，参加柏林亚太艺术节，成为第一个登上柏林爱乐大厅及布拉格斯美塔那音乐厅的中国乐团，演出西贝柳斯第一交响曲、钢琴协奏曲《黄河》（李云迪独奏）及小提琴协奏曲《梁祝》（顾文蕾独奏）。至此，姚关荣的个人事业步入巅峰。

著述与唱片

1959年，尚在留学的姚关荣与同窗童忠良、刘少立、张仁富根据1955年莱比锡版德译本合译了法国作曲家柏辽兹所著之《配器法》一书,未料此书在人民音乐出版社出版已是1978年8月。据姚关荣先生的夫人透露,2001年退休的姚先生已完成新著《配器法》。之所以另起炉灶,是因为柏辽兹是19世纪中叶的人,而近百年来,交响乐演出与创作的发展日新月异,旧版《配器法》已难以满足今日音乐厅里的曲目要求,而姚先生毕生累积的指挥经验,有许多也无法为旧版所能涵盖,然而目前出版大环境下,此书稿竟未获青眼,殊为遗憾。

姚关荣指挥的录音,绝大部分已经伴随电影进入国人记忆,但他的唱片寥寥无几,且未见有他的指挥专辑录音发行。从目前进入市场(含二手)的情形看,他最重要的曲目,是李焕之的四乐章版《春节组曲》(习见的《春节序曲》为其第一乐章),见于中国唱片公司发行的7CD装的中国作品精选集的第二辑《红旗颂》。此录音为20世纪80年代出品的立体声,为姚关荣指挥中央乐团演奏。其实早在60年代,他就已经

● 2019年2月,笔者(右一)在宁波大剧院邂逅姚关荣先生

指挥新影乐团在中央人民广播电台录制过同曲。目前,国内录制单乐章《春节序曲》的指挥近十位,但留下全套《春节组曲》者仅有姚关荣和上海交响乐团的曹鹏两位,而姚关荣对于《春节序曲》亦有自己的独到心得。2019年2月22日,他在指挥宁波交响乐团排练此曲时屡屡提到第一段进入第二段处要放慢节奏,要做好渐弱,提到"别的指挥都没有意识到这里要作出对比",颇令人耳目一新。此录音也另收于《中央乐团四十年代表录音作品集(1956—1996)》内,可见已是姚关荣的代表性录音无疑。另一张是薄膜唱片,由中国唱片公司发行于1977年,内收歌曲《医疗队员在坦桑尼亚》,唱片上注明"中国煤矿文工团演唱,中央新闻纪录电影制片厂乐团伴奏,姚关荣指挥",此曲应是某部纪录片的插曲。

2021年5月26日,姚关荣先生在深圳逝世。

● 《中央乐团四十年代表录音作品集(1956—1996)》

俞　峰（1964— ）：

中国最高乐府掌门人

出局的院长

俞峰生于海曙区横街镇凤岙村，他和音乐的缘分，源于一把二胡。据俞峰的母亲徐翠凤女士近年在宁波市江北实验小学所做的题为"怎么培养孩子成才"的讲座回顾："俞峰小时候，一个邻居因为要去参军，就把自己的二胡送给了他。俞峰爸爸刚好有一些二胡基础，就开始教他，他越学越有兴趣，想进一步提升，但农村里音乐老师不好找，还被别人说山窝窝里飞不出金凤凰。我们是双职工，一个月仅有七十几块钱的微薄收入，对于学音乐来说远远不够，所以只好四处借钱，我和他爸爸每天就咸齑汤下饭。"

1976年，当时的鄞县姜山中学开办文艺特长生班，俞峰凭借扎实的二胡基础，进了这个班。初中毕业时，俞峰曾经写过一篇作文，题为

《用二胡弦线构成祖国的辉煌》，至今在全校传为美谈。1978年，中国恢复高考。当时流行少年大学生，俞峰向往音乐殿堂，于是选择报考上海音乐学院附中，当时全国各地来的二胡专业考生就有800余人，只招收八九个人，真正是百里挑一，俞峰顺利升学。到上海开了眼界后，俞峰对未来做过一次认真规划，他觉得涉足西洋古典音乐，面向世界，道路会比立足本土的民乐之路宽广得多，于是决定改学指挥——几十年后，中国少了一个二胡艺术家，但多了一位具备国际影响力的指挥家。

改学指挥专业，等于另起炉灶，从头学起，俞峰不得不晚毕业两年，而当时中国只有中央音乐学院有指挥系，他别无选择。为了报考，俞峰设法借来一架风琴，用船运回老家，又买来一台旧钢琴，每天埋头苦练。他用风琴练习巴赫的二三声部创意曲和平均律，又在钢琴上练习肖邦练习曲，还顺手拿了宁波首届钢琴比赛第一名。那些年，一台小录音机和厚厚的交响乐总谱跟他形影不离，但是1982年的第一次报考，他还是铩羽而归。第二次报考已是3年之后，这之前，俞峰回到宁波，钢琴、视唱、和声、练耳，练习指挥专业所需要的基本功。他闭关苦修，期待破茧成蝶。1985年，中央音乐学院的指挥班在全国只招收4名学生，俞峰终于晋级。10年后，他成为该系系主任。很多年后，成为中央音乐学院院长的俞峰，偶尔会自嘲："未来的院长，竟然在第一次报考时出局了。"

指挥系上课，一般是三个老师对一个学生，两个老师弹伴奏，一个老师教课，比带博士成本高得多。中央音乐学院指挥系素有中国乐坛黄埔军校之称，陈佐湟、胡咏言、李心草、邵恩、水蓝、吕嘉，都是从这里走出去的。俞峰本科阶段攻读的是交响乐和歌剧指挥专业，师从徐新教授，因成绩优异，他提前一年毕业并被保研，导师是郑小瑛教授。1991年，他获得硕士学位后留校，不久又留学德国柏林汉斯埃斯勒音乐学院，师从迪特鲍姆教授。1994年，他获取最高指挥艺术家文凭（与博士同等学力），并成为中央音乐学院最年轻的教授。

20世纪90年代，俞峰进入了中国指挥领域的发展快车道，他把握住了所有的机会，得到了所有的荣耀，本文只能择其要而述之。1991年，俞峰在全国青学指挥家选拔赛中荣获第一名。同年12月，他受文化部派遣，前往葡萄牙参加佩德罗·德弗塔雷斯·布郎库国际青年指挥家比赛，并获第一名，这是我国公派指挥选手国际指挥比赛大奖零的突破。1990年起，俞峰被聘为中央音乐学院师生组成的中国青年交响乐团常任指挥。1998年元旦，俞峰曾经带领这支乐团来到故乡的雅戈尔体育馆奏响宁波历史上第一场新年音乐会。笔者躬逢其盛。当时有一个曲目是德国浪漫派作曲家韦伯的《邀舞》，曲子最后有一段大提琴独白，但是宁波听众性急，来不及等到大提琴独白就送上了掌声，俞峰见机行事，在掌声里结束了此曲——这一刻，估计向来追求完美的俞峰内心也

● 俞峰指挥宁波交响乐团演出勃拉姆斯第一交响曲CD

是颇多感慨,似乎有理由相信,在故乡建立一支交响乐团并将故乡听众的品位提升到某个境界的梦想,已在他心头生成。

执教鞭的俞峰于中国音乐教学的最大贡献,莫过于创立"中国现代指挥法",中央音乐学院指挥系也因之吸引德国、美国、法国等国家的指挥硕士、博士来追随俞峰,开创了欧美学生来中国学习交响乐指挥的历史纪元。俞峰担任系主任后,中央音乐学院指挥系成了成材率最高的系:他的学生张弦荣获美国纽约爱乐乐团马泽尔国际指挥比赛第一名,并任纽约爱乐乐团副指挥;杨洋获希腊米特罗普洛斯国际指挥比赛第一名;陈琳获波兰卡托维茨国际指挥比赛第二名,现兼任上海交响乐团指挥;夏小汤、陈琳还分别荣获第二届全国指挥比赛第一、二名,夏小汤现兼任中国爱乐乐团指挥。

南渡北归

在担任中央音乐学院指挥系主任的 20 年里,俞峰最重要的履历是两个,一个是 2001 年到 2007 年的深圳交响乐团音乐总监,一个是 2009 年以后领衔中央歌剧院。两个履历都经受了艺术和市场两方面的考验。

深圳交响乐团目前是国内最国际化的交响乐团,这个乐团的底子是俞峰当家的那六年打下的。一位朗诵家曾经回顾他在俞峰指挥的深圳交响乐团的排练:朗诵家酝酿好情感,调整好状态,当音乐到了他该开口朗诵的时候,俞峰从乐队方向转过脸来,手势还在乐队方向指挥,眼看着朗诵家,用下巴给了他一个开始的指示,这一下,他竟没张开口,像遭受重创一样,"整个人都散了",排练只好中止。他说:"当俞峰看我一眼,我突然感到他和乐队要得很多、很大,而我当时的状态,我对作品的理解、情感储备等等,给不了他所要的,那一刻,我真切地感到了一种溃败和怯退……"俞峰说过:"一个艺术家仅仅停留在艺术上是不够的,你将艺术看得很大,却往往越做越小。我其实是个关注面很广的人……这个(指挥)是小意思,但是你不把整个人的思想、眼界、状态开阔,就不会把这个做得有意思""深交现在进步多大呀!5月份去北京演出,给国际钢琴比赛伴奏,让北京那些专家、权威什么的看到了一个全新的深圳交响乐团。我在这之前抱了一大堆深交演奏的乐曲的录音,跑到周广仁、吴祖强这些老先生家里。我说你们随便抽,深圳交响乐团不怕你们听。在吴祖强先生家里,我陪着他听了整整一个下午,很少说话,听完了,吴先生说,深圳交响乐团是不错!我们考虑考虑。后来,国际钢琴比赛没有选择北京的那么多交响乐团,而把这个机会给了深圳交响乐团。这个多好!"

俞峰对合作对象极为挑剔。"2004年中央歌剧院聘请我做指挥和艺术总监。一开始我不太乐意,太忙了……说只排练不演出,排练三天后,我觉得大家非常渴望进步,心很诚,很有上进心,大家的努力给了我很好的印象,后来我就开始开音乐会了。"2006年,俞峰放弃了深圳交响乐团为期五年、年薪百万的音乐总监聘书,正式调入中央歌剧院担任艺术总监,三年后出任副院长,又三年出任院长,成为中国歌剧院国家队掌门人。俞峰说:"歌剧要顾及台前合唱、幕后合唱、戏剧表演、舞台美术灯光,台上近两百人,对于这些,艺术总监要全部把控,指挥要进行现场把控。歌剧是音乐的综合艺术,音乐领域的航空母舰……我的所有演出曲目都尽量不重复……随着年龄增长,看谱会很费力,所以现在也一直在背谱子。去年和前年每年六部歌剧,每部歌剧的谱子近百页……我这辈子是被音乐套牢了。"

2006年,俞峰带领十余年未出国门的中央歌剧院出访东南亚,令之在国际合作和制作水准上达到了新高。2008年,俞峰带团出访美国八个城市,举行为期一月的巡回演出,同年又受埃及文化部及国家剧院邀请在开罗上演歌剧《图兰朵》。俞峰在中央歌剧院期间，最不同凡响之处是在国家大剧院完成了瓦格纳的鸿篇巨制《尼伯龙根的指环》的中国首演。此剧分四晚演出，总时长达16小时，亚洲方面此前仅有日本组织国际纵队完成过亚洲首演。2014年10月28日，俞峰带领中央歌剧院在宁波文化广场大剧院上演了《尼伯龙根的指环》里的第二部《女武神》，演出从晚上七点半开始直到午夜时分才告结束，是为宁波音乐史上的里程碑。

打造宁波交响乐团

2015年12月22日上午十时许，笔者赶到宁波大剧院中剧场，恰逢俞峰和四十几位年轻乐手讲话。这是刚刚成立的宁波交响乐团（以下简称"宁交"）的第一次会议，会后进行了"宁交"有史以来第一次排练。因为人员不足，若干声部还是残缺状态，所以排练时俞峰常常高喊"管乐"，然后自己哼唱一句来代替管乐组的发声。一周以后，"宁交"在俞峰指挥下举行了第一场音乐会，即2016年宁波新年音乐会。这段时间，俞峰还在中央歌剧院和上海音乐学院举行两轮面试，向全世界招募乐手。"宁波终于有了自己的交响乐团。"那天排练结束后的采访，俞峰激动之情溢于言表，"有一支成功的交响乐团对一个城市来讲意味着文化软实力的重大提升。宁波的经济地位现在在国内排在前面，文化上没有理由不上去，我要为家乡做点实事。"

新成立的宁波交响乐团由俞峰担任音乐总监，到2019年8月，已经完成两个完整的音乐季演出。北京的工作脱不开身，所以俞峰一年里出场的次数有限，但他都会远程关注排练情况。平时的演出基本都是国内外指挥名家轮番上场，这份友情出场的指挥家名单，体现出俞峰本人的巨大影响力。胡咏言、夏小汤、于海、陈琳、朱曼、杨洋、张国勇以及波特斯坦、温德福尔等已经与"宁交"有过多次合作,而秦立巍、居觐等实力型独奏家在协奏曲里的出场也令国内乐迷满足不已。时至今日,"宁交"阵容已是三管编制的近百位乐手的规模,水平稳中有升,虽在国内有实力推出音乐季的 20 支队伍里属新兵,但近年来的马勒第五、第六交响曲,肖斯塔科维奇第五交响曲及在贝多芬交响曲专场中所表现出来的实际综合素养令人刮目相看。除了在宁波保证每月一场的高质量演出,"宁交"目前已完成波兰、意大利等国的巡回演出任务。

俞峰指挥"宁交"的前两个音乐季的演出,笔者基本上未曾缺席。从曲目选择的情形看,俞峰比较擅长德奥浪漫派作品及部分民族乐派作品,他的柴可夫斯基第四、第五交响曲可称"宁交"演出史上的精品,而贝多芬第三、第五交响曲也显出激扬阔大的气魄。不过以笔者之见,倒是更欣赏他在 2019 年初演出的莫扎特第四十交响曲,从中可以听出一

● 俞峰指挥 2018 年新年音乐会 CD

种来自德国的纯正古典主义标准音响。尽管俞峰擅长现场见分晓，但是我们现在评判一位指挥家，录音也是一个重要指标，所以本文既然是俞峰小传，则必得提一下俞峰的唱片发行情况，先说"宁交"部分。

目前"宁交"每场演出，都由国内的达人艺典公司录制存档并作部分发行，俞峰留下的录音主要是三个：一是2018年2月4日演出的舒曼第一交响曲《春天》，一是2018年6月17日演出的勃拉姆斯第一交响曲，一是2017年12月31日演出的新年音乐会。其中尤以"勃一"值得反复聆听（据这场演出的小提琴首席封霄先生回顾，"勃一"的排练，

● 2015年12月22日上午，"宁交"历史性的第一次排练之前，笔者（左）与俞峰合影

对"宁交"可以说是经历了一次炼狱）。特别值得一提的是，首乐章开场处的定音鼓速度强度，俞峰处理得颇有历代德奥指挥巨匠的风采，具备先声夺人的巨大悲剧力量，全场演出可谓酣畅淋漓，激越澎湃。据笔者多年来聆听俞峰指挥的体会，他的风格大体是，以较快的速度推进来呈现作品的张力，以白热化的气氛掌控来烘托作品里的一个个燃点，只要是俞峰登场，宁波大剧院台下必是爆满，台上必是爆演。

俞峰另有一套7CD唱片，也是达人艺典公司发行，为他在中央歌剧院时期的现场音乐会实况。参加演出者为中央歌剧院管弦乐团与合唱团，以及中央歌剧院的声乐台柱。曲目基本上涵盖了俞峰历年积累之精华，也可以看出他的涉猎之深广——马勒第二交响曲《复活》，马勒第五交响曲，贝多芬第九交响曲，贝多芬《科里奥兰》序曲，舒曼第一交响曲，理查德·施特劳斯《死与净化》《查拉图斯特拉如是说》，斯特拉文斯基《诗篇交响曲》《春之祭》。以上曲目里，马勒第五交响曲"宁交"已有演出记录，其余作品在宁波应该指日可待，尤其是马勒第二交响曲《复活》2019年6月已有跟杭州爱乐乐团的合作，俞峰的宁波版复制只是时间问题。

2018年7月13日，宁波交响乐团迎来一位特殊人物，他就是中央音乐学院指挥系在读的硕士研究生俞极，由他指挥的门德尔松第四交响曲成为"宁交"第一个乐季的收官重头戏，他的表现可谓不辱使命。所谓将门无犬子，俞极正是俞峰的儿子和得意门生。俞峰的办公室里挂着一幅字，上书"登峰造极"，即是这个指挥家族的某种象征。现在加上俞峰侄子俞潞国际声望的提升，俞家一门三杰，终将载入中国音乐史册。

俞 潞(1989—)：

中国指挥界的新希望

国际视野，后生可畏

俞潞，生于宁波。其叔父为中央音乐学院院长俞峰。俞潞的成长，与祖母的影响有关。幼时，祖母常让他听《梁祝》入睡。学步时代，俞潞就能随音乐节奏摆动身体，看叔父俞峰指挥的音乐会之后，他也能拿着筷子像模像样地"指挥"了。俞潞自小学习小提琴及钢琴，为后来的指挥事业打下坚实基础。15岁时，俞潞以第一名的成绩考入中央音乐学院附中。18岁时又以第一名的成绩考入中央音乐学院指挥系，师从当时的指挥系主任俞峰。

俞潞的履历令人钦羡。19岁时，他在小泽征尔所组织的选拔赛中获胜，并跟随小泽征尔学习，同时也兼任助理指挥。同年，他在京都指挥了小泽征尔创办的音乐塾交响乐团的音乐会，日本《音乐之友》刊物称其为"日本青年指挥家的学习榜样"。之后,他每年均受小泽征尔邀请,参加斋藤秀雄音乐节及其他盛会,并指挥小泽征尔创办的音乐塾交响乐团。21岁时,俞潞完成首次歌剧指挥,在日本执棒普契尼的《蝴蝶夫人》。22岁时,俞潞完成了欧洲首秀,经小泽征尔和毕契科夫的推荐,他被杨松斯选中,受邀指挥荷兰阿姆斯特丹皇家音乐厅管弦乐团演出柏辽兹的《幻想交响曲》和肖斯塔科维奇的第五交响曲。2013年,俞潞接受萨尔兹堡音乐节的邀请,指挥了当地极富音乐传统的莫扎特管弦乐团,自此开启国际职业生涯。

● 俞潞与小泽征尔(中)、村上春树(左)合影

2017年6月11日,在中央音乐学院附中建校60周年庆典音乐会上,俞潞指挥中央音乐学院少年交响乐团演出马勒第一交响曲《巨人》,全场观众长时间起立喝彩,掌声几乎将音乐厅掀翻。这一盛况深深印刻在每一位亲历者的记忆中。成立于1959年的这支乐团,原名"红领巾乐队",为近六十年来中国交响音乐史做出了极大贡献。学生时代的俞潞就多次执棒少年交响乐团,举行过至今仍被在校老师津津乐道的精彩演出。在他看来,这里是他梦想开始之地,所以希望将自己的第一份正式的唱片录音交付给母校的乐团。一年之后,德国拿索斯唱片公司将这场

● 俞潞指挥现场

音乐会的实况录音正式发行。

谈到当初选择"马一"为附中庆生的本意,俞潞坦言:"对于一支中学生乐团而言,这部作品规模太大、难度也太高了,但是进行艺术创造总不能太追求安全,我还是想进行一次冒险。"在排练开始前,俞潞逐一考核每位少年,从还未到入团年龄的初一学生到最年长的高二学生都要坚持最严格的艺术标准。"因为马勒作品众所周知的难度,也有一些朋友建议我借一些已经从附中毕业、在音乐学院学习的老团员来,我拒绝了,我相信这些同学能做到。"最终坐在舞台上的 100 余位演奏者完全是清一色的"附中制造",平均年龄仅 15 岁。"差不多一周排练两次,一次练两个小时左右"。在俞潞看来,学会排练是指挥家要面对的一个重大课题,并不是时间越长越好,指挥家的内心对于即将塑造的音乐有没有足够明确的标准和要求、有没有能力尽可能高效地让面前的演奏家明白这种要求,都是最考验人的。"少交的同学们真的很有领悟能力,学习速度很快。我相信十年、二十年后,当这一批同学成长为中国交响音乐的绝对主力之时,他还是会对自己这一次的表现感到无比骄傲的。"俞潞说。

这次的"马一"演出俞潞是背谱指挥,他坚守着那份从小泽征尔身上继承来的严谨,甚至在旁人看来有些刻板的观念——只有将总谱的每个细节都烂熟于心,方可领悟到作曲家通过乐谱传递的讯息,并最终在自己的脑海中构建起一个对指挥家而言至关重要的虚拟声场。"杨松斯先生曾经对我讲,指挥家要在尽可能多地聆听顶级乐团的演出和排练过程中,形成一种对于什么是好声音的明确认知,他把这种认知和记忆幽默地比喻成一个真实可感的物件,告诉我说只要把它放在右口袋里,在需要的时候随时取出来就好。"2019 年 10 月 12 日,俞潞指挥宁波交响乐团在宁波大剧院完成了马勒第一交响曲的宁波首演。这一次,他把好声音放入口袋,带给了故乡。这场演出最精彩的是第四乐章后半程,从地狱到天堂的整个升华历程进入倒计时。在俞潞示意下,左侧铜管组一齐站立,音乐进入振聋发聩的一刻——联想到 2019 年 6 月 28 日,斯图加特广播交响乐团在库伦提兹指挥的肖斯塔科维奇第七交响曲终局之前"大写的人"的主题再度呼唤之时,乐队全场起立高奏凯歌。无论"宁交"这次局部站立是出于何种考量,这样的突发性的提气桥段,也可谓一种和国际接轨之举,令人感佩。

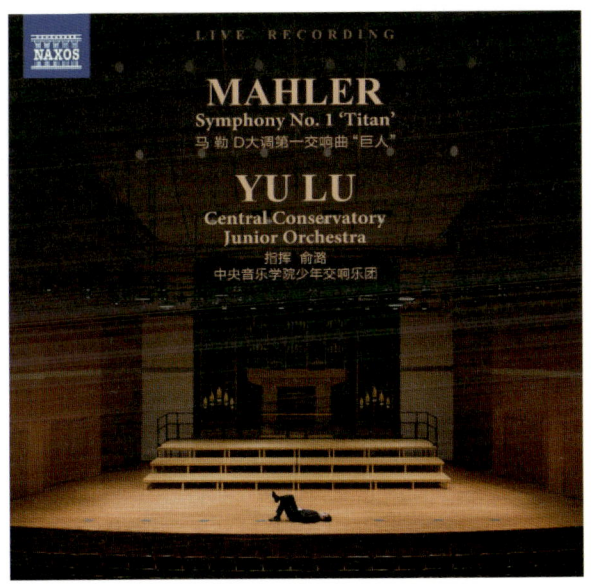

● NAXOS 公司发行的俞潞指挥中央音乐学院少年交响乐团马勒《D 大调第一交响曲》唱片

峰回路转，长乐未央

庚子年初，新冠汹汹，全球文化产业持续停摆，欧美许多乐团甚至宣布破产。在经历了不到五个月的禁足期后，2020年6月13日，疫情以来的"宁交"首场线下公开演出开启，欧洲演出档期被迫取消的俞潞重返故里，上演了一场酣畅淋漓的贝多芬第七交响曲演出。这一场精彩处是末乐章的痛饮狂歌，真如风卷残云，大有为疫情所困已久的时势出一口恶气之感。另外值得一提的是，本场演出开场，选了巴赫第三管弦乐组曲次乐章咏叹调，令人想到2011年日本大地震后一个月，也就是4月11日在东京文化会馆举行的那场赈灾义演，当时曲目是"贝九"，受邀指挥的是祖宾·梅塔，那天也特别选用了这段音乐用于陪衬祷告，抚慰心灵，可见具有国际视野的俞潞，自有深意在焉。

7月11日，俞潞强手连发，奉献贝多芬第二、第五交响曲音乐会。两首都是"宁交"二刷作品，但俞潞带来了新气象——"贝二"声部间的融洽工稳，弱奏的静态细腻写意，织体的新鲜欲滴，比年初那场宁波首演更经得起回味，维也纳古典乐派风神在再现的同时又是鲜活如一汪清泉。下半场《命运》，俞潞的首乐章处理，乐句的长音时值比俞峰去年的演出要长出一截，深呼吸堪称气沉丹田，并未追求外观上的摧枯拉朽，而是呈现沉思过后的宏阔绵长，属于朝着沉郁浩大一路开凿的少见案例。但是连续演奏的三、四乐章所策动的狂势则像是1992年东京现场那个莫斯特指挥伦敦爱乐的神演翻版，壮哉俞潞！

2020年9月23日晚，带领宁波交响乐团在上海东艺中心演出贝多芬第一、第五交响曲的俞潞在谢幕时宣布，他将指挥"宁交"在2020年12月13—17日连续五晚完成贝多芬九部交响曲的演出，并计划现场直播和发行录音。此言一出，甬城雀跃，如此大手笔不但在国内空前，

● 演出结束，俞潞感谢宁波交响乐团全体成员

放眼世界范围也不多见。这意味着，借助对贝多芬250年诞辰的奉献，"宁交"以及甬城的文化地位将再次完成跨越。

跨年音乐会的首创者据说是维也纳的圆舞曲之王约翰·施特劳斯，早在1847年时他就已经指挥自己家族的作品在演出中辞旧迎新。二战以后，莱比锡首先建立起元旦前夜演奏贝多芬第九交响曲的传统。进入20世纪60年代，随着欧美特别是德奥指挥家们接连光临日本指挥NHK交响乐团，近邻日本也开始在每年的12月推出贝多芬交响曲序列音乐会，其高潮则是第九交响曲的演出。2004年12月31日下午起至新年钟声敲响，东京文化会馆里也举行了一套贝多芬交响曲全集的跨年演出，由岩城宏之——在1969年便推出亚洲第一套贝多芬交响曲全集的日本指挥家——指挥NHK交响乐团演出，近邻掀起了一场岁末音乐狂欢。

指挥篇

若干年前,笔者主持的《相约秋帆,洗耳恭听》节目曾经选取了2004版跨年音乐会的片段做过一期节目,当时的文案里还谈到"期待宁波推出中国版的贝多芬交响曲全集的跨年版",没想到梦想这么快就接近现实。本书付印之际,这一版已由宁波本地班子来完成,音乐之城,名不虚传,幸甚至哉,歌以咏志!

让"宁交"奏出柏林爱乐的声音

2020年11月20日下午二时许,经宁波交响乐团团长童铭女士安排,笔者在"宁交"团部三楼拜访了刚刚结束排练的俞潞。人高马大的俞潞穿着黑色T恤衫,湿漉漉的头发黏在额头,神情在开怀和沉静之间切换,过去只是远远地看他在台上挥棒,这次近距离接触后,第一印象就是这是一个爽朗的大男孩。他造接受采访过程中手掌依旧按在三大本贝多芬《命运》(乔纳森·德·马尔编辑)的净版总谱上,谱子里写满了好几种颜色笔迹的注脚,密密麻麻。指挥家在放尽情绪后都需要有一个过渡期来平复。寒暄过后,俞潞很快进入另一个状态,一种伴随着思索但又能精准迅速地表达的状态。

采访的第一个问题是,"宁交"现在有没有属于自己的声音。"有,但是我给他带来的。"俞潞很自信,"创造属于自己的声音,需要指挥把要求带给他们(笔者插话,'就是杨松斯对您说过的,把好声音放在口袋,需要时拿出来?'),让乐手明白要做到哪一步,怎么做到。'宁交'很年轻也很聪明,创造理想的声音是一个相互激发的过程……"这时俞潞伸开两手做了个把十个指头缠绕拉伸的手势,"指挥和乐队就像谈恋爱,双方投入进去才能达到你要的或者更高的高度。"笔者提及2019年10月12日晚保利那场俞潞故乡首秀,开场的贝多芬《艾格蒙特》序曲一出声就把全场镇住了,真正前所未闻的"宁交"之声,阔大厚壮,气沉丹田,这种声音，颇有卡拉扬鼎盛期的柏林爱乐乐团的功架。"去年那场演出我们一共花了四天排练，《艾格蒙特》是特别费了大力气的。"可能正是因为《艾格蒙特》的出彩，让俞潞有了今年将"贝七、贝五、贝二"以及全套贝多芬交响曲隆重推出的念头吧。

"这次我们的'贝九'，将带中央音乐学院合唱团过来，85位歌手的庞大阵容，四位独唱也已经敲定……"话题转到贝多芬交响曲全集宁波五天五场的演出事宜，"我跟欧洲的同行，柏林爱乐乐团、维也纳爱乐院团的朋友聊起我们的全集计划，他们也肃然起敬。即使这个行为很疯狂，但也足以令人振奋，全世界敢这么做的乐团也没几个。事实上，敢于这么应对挑战的国内只有我们'宁交'。这个角度看，'宁交'目前创下了一个中国第一，恐怕也是亚洲仅有的。我指挥过NHK交响乐团，它一度成为全球十大乐团之一。日本乐团虽够卖力，但乐感逊色些，有

● "贝九"演出结束，俞潞发表感言

些木,而中国人乐感好,但是演奏的强度又往往逊色。如果中日乐手互补一下,大可以匹敌欧洲乐团。今年欧洲巡演的合同都因为疫情取消了,如果没有疫情,我现在正在指挥维也纳广播乐团演舒伯特《未完成》。"笔者搭话:"所以'宁交'成了最大赢家,有幸拥有了跟您全方位的合作机遇。"俞潞爽朗地回答:"'宁交'也给了我机会。"

俞潞的欧洲、日本游学演出履历为国内新一代指挥里首屈一指,亦使其具备了成为国际化大师的潜质。我们的访谈愉快、随意而短暂,告别时刻,俞潞吐出一句豪言壮语:"贺老师,卡拉扬的徒子徒孙会让宁波交响乐团发出柏林爱乐乐团的声音。"其实,2020年夏天的两场贝多芬交响曲演出已经证明了这一点。他的话的另外含义可能也正表达着他对曾经追随的小泽征尔、杨松斯两位当代巨擘的敬意,因为两者都曾经获得卡拉扬指挥比赛的大奖,并得卡拉扬的亲炙。从这个意义上讲,俞潞无愧于卡拉扬再传弟子本色。这层渊源自带的光环在看得见的将来必定会不断制造华彩,推动宁波朝着中国音乐重镇迈进。如此,则2020年12月的贝多芬交响曲全集献演,既是里程碑,更是宁波音乐生活腾飞的标志!

● 2020年11月20日,在采访后,俞潞(右)与作者合影

作曲篇

李厚襄（1916—1973）：

中国流行音乐泰斗

从上海到香港

李厚襄，宁波人。笔名候湘、水西村、司徒容、江风、高剑声等，为华语流行音乐重量级曲作者，中国早期流行音乐主将。

李厚襄未接受过正统音乐教育，但幼年起即表现出过人的音乐天赋。20世纪30年代起，他在上海百代唱片公司工作，熟悉了流行歌曲创作、发行业务后，在各大电影公司写电影配乐和插曲。李厚襄的成名作要数《天津夜曲》。此歌词曲皆由其一人包办，歌者为郎毓秀。郎父为著名摄影师郎静山。1944年，中华电影股份有限公司（华影）推出歌舞片《鸾凤和鸣》，片中含十首插曲，其中周璇演唱的《真善美》一曲的曲作者即李厚襄。1949年前，他的作品在风格多样性上以及旋律动听程度上比陈歌辛、黎锦光、姚敏略有不及，但是李厚襄南下香港后，成为香港电影界作曲、配乐、指挥一条龙的大家，和姚敏、王福龄、綦湘棠以及日本的服部良一组成一支豪华的作曲队伍，成就20世纪50年代港片的幕后传奇。

20世纪40年代末，周璇、姚莉、白光等上海影星曾经到香港拍片，把海派流行音乐带到了香港。此前香港茶楼酒肆流行粤剧清唱，经海派流行歌曲冲击，粤剧衰落。50年代起，香港音乐人在海派基础上推陈出新，粤语歌曲于是流行，很快风靡，流风所及，甚至到东南亚一带。这个阶段的李厚襄，出任香港美亚唱片公司的音乐总监。60年代，美亚发行了60种12英寸唱片和30种7英寸唱片，市场效果良佳，在粤语歌大时代里可谓威风八面。李厚襄的创作大体上可以分为上海时期及香港时期。

上海时期的歌曲，光是唱红的就有200多首。李厚襄最重要的合作者数周璇，《妹相思》《望星儿》《恨事多》《忆良人》《陋巷之春》等数十首周璇的红歌都是李厚襄负责谱曲，旧上海另一个歌星白虹则唱红了

● 李厚襄作品的黑胶唱片

《郎是春日风》《白头吟》等近20首歌曲;龚秋霞唱过的有《丁香树下》等;陈娟娟唱过《不知名的花》等;姚莉唱过《幽情曲》《秋雨送相思》等;白光唱过《有情无情》《秋夜》等;吴莺音唱过《听我细诉》《何日再相逢》等。香港时期,李厚襄最出名的歌曲是粤语小调《榴莲飘香》,梅艳芳1982年参加第一届新秀歌唱大赛凭借此曲一举夺魁。在香港,李厚襄的创作在数量上不及上海时期,但如下曲子依旧难掩经典光芒,如刘韵演唱的《采红菱》《摘月亮》《十七八的姑娘》《桃花开在春风里》,崔萍演唱的《十扇长窗九扇开》《一年四季有花开》等。李厚襄在香港,另一块工作是为电影担任音乐设计和作曲,从1949年第一部《荡妇心》起,累计为80余部影片担任幕后制作。值得一提的是,李厚襄的夫人秦燕(艺名呢喃)为香港著名音乐教育家,汪明荃、刘嘉玲、刘德华都是她的学生。

遥远寄相思

"不要让人世的荣辱,使你添心上的愁苦。人间的恨事真多,亲爱的不要哭不要哭……不要让人世的嫉妒,挡住你灿烂的路途。人间的恨事虽多,亲爱的同来把它克服!"李厚襄的《恨事多》仿佛为周璇量身定制。1950年7月到1951年10月,身在上海的周璇给远在香港的李厚襄写了九封信。1975年,也就是李厚襄身后两年,这九封信刊登在香港《万象》杂志上。关于周璇之死以及她人生最后阶段的种种变故,这九封信也许是揭开迷雾的一个关键点,它意味着李厚襄的存在,对于20世纪中国流行文化的意义已经超出了音乐的界线。

周璇于1950年7月2日从港返沪,7月7日就发一信:"唱片及股票都放在您处寄存,多费心!公债票已由龚秋霞在14日那天给我送来了,您一点不知吗?我已收到了,谢谢您!"从中可以看出,回沪后周璇理财思路依旧清晰,她把财产分作两部分,股票委托李厚襄代管,公债则收归到自己手中。她之所以把股票放香港,是为自己留条路,而李厚襄实际上是她在香港的代理人。1951年1月18日,周璇写了第二封信,告知儿子情况以及与朱怀德决裂的事。

周璇把知心话和盘托出,也是意味深长的。1951年2月12日,周璇第三封信写得较长,信的第二段写道:"近因播音唱了歌,不知道怎的得罪了人,报上挨骂。在任何环境中都有派别,将来拍戏又不知怎样来应付呢!太难了!"

周璇已经敏锐地感觉到,处境对她不利。于是,她在信里请李厚襄在香港和张善琨、邵邨人等电影制片商想想办法,寻找退路。她自己考虑"香港暂时不能来,我预想是一年以后,等小孩大一点……还是去南洋走一趟,既轻便又能赚钱,你的话不错,趁能赚钱的时候……别将来悲哀,我怎么能不知道呢!"直到此时,周璇头脑还很清醒,和朱怀德的了断,并没有使她丧失理智。1951年2月18日,她又给李厚襄去信,谈她的计划:"很多家公司要我拍戏,我真怕自己情绪不好,怎么能工作呢!最大原因还是厌倦了这工作,我真想休息一个时期,能不拍戏最好,来港后决往南洋去,能否把歌在上海练好?希望你来上海,我们计划一下弄得好好的。……反正这唱歌我一定会实行……不过是时间问题,暂时小孩不放心,所以在上海待着不拍戏,也不知行吗?拍呢,也真没意思透了……"

周璇希望去南洋唱歌,因为华侨很欢迎她去,香港的经纪商也一直在为她忙碌张罗。周璇这个品牌,是上海滩市场运作的产物,但她在新中国,忽视了更重要的政治因素,这就是日后其悲剧的症结所在。1951年3月14日,周璇的第五封信仍然在谈她"赴南洋演唱"的计划,同时在信里还透露了她在上海的处境愈发难过了:"有一点要告诉你,关于唱歌之事暂时要守秘密,上海知道他们会对我不满,切记!切记!……我觉得自己意志不(坚)定,心又太直,所以害了自己,到今天真是吃足了苦头,一言难尽,不说也罢!"很显然,周璇无法适应当时上海文艺界的气氛。新中国对她是重视的,派人劝她回来,但回来后,她又处处感到不如意,并且"吃足了苦头",在信中写道:"最近我的情绪仍旧很坏,心境不能舒畅,总是想要哭,要大哭一场才好,想想自己的事,真是伤心也……为什么做人这么烦?"

1951年4月21日,她写了第六封信:"我因大光明公司的剧本还好,所以我第一部先给他们拍……这次也是给他们逼上梁山,本来谁来拖我不动,就是喜欢这样闷在家里,至于酬劳极少不能同香港比,当然也是帮忙性质……"从旧社会大红大紫过来的周璇过于看重酬劳,她完全不懂新的"两为"文艺方向,呜呼。其实,当时上海文化方面的领导人夏衍对她和张爱玲还是抱关注和欣赏态度的,但张爱玲找到借口,一走了之,周璇却再没有走掉。

孙　慎（1916—2021）：

中国救亡音乐先行者

一生的战歌

孙慎，1916年生于镇海。

20世纪20年代末，孙慎到上海入肇基国英算术专科学校求学，毕业后在中国国货公司会计部任职。九一八后，孙慎结识作家何家槐、周钢鸣等，参加职业青年群众团体"蚁社"，该社领导人之一即沙千里。1935年，孙慎加入中国左翼作家联盟，并参加吕骥领导的业余合唱团，从事救亡歌咏活动，到群众中教唱救亡歌曲，在吕骥指导下通过聆听唱片学习作曲。1936年，吕骥和孙师毅共同成立"词曲作者联谊会"，参加者有洗星海、贺绿汀、任光、刘雪庵等，孙慎也加入进来，并且同时加入"歌曲研究会"。这个时期，他写出了那首脍炙人口的《救亡进行曲》（周钢鸣作词）。这首歌在上海的一次群众抗日大游行中唱响，其影响很快扩展至全国,成为"一二·九"运动里的最强音,成为《义勇军进行曲》的姐妹篇。

抗战全面爆发后,当时担任国军淞沪战场右翼军总指挥兼第八集团军总司令的张发奎,通过上海救亡总会会长郭沫若邀请文化界人士到其部队中做抗日宣传工作。9月25日,上海党组织组建了一个战地服务队,队长是革命活动家钱亦石,孙慎和麦新、吉联抗等也一起加入进来。战地服务队的主要任务,对内是做军队的政治思想工作,对外则进行宣传、组织群众的工作。1938年6月至10月,战地服务队在武汉外围战场的鄂豫皖、湘鄂赣区各地活动,孙慎主要负责音乐工作,他担任音乐股股长和全队歌咏演出的指挥。他一方面要教会全队成员唱歌和掌握基本的音乐知识,使每个人都能运用音乐这一手段去宣传,另一方面,就是把救亡的歌声传送到民间。在鄂东南、赣东北地区,战地服务队创造了"游击演唱"的工作方式,以歌咏为主,配合戏剧、图画、演讲,由4至6人组成的小组在农村中做流动宣传,深受群众欢迎。在流动频繁的抗日宣传工作过程中,孙慎创作了反映这一时期抗日战争生活的《战地服务队队歌》《春耕歌》《募寒衣》等歌曲。队伍到广东韶关后,在原有的中共特别支部基础上成立了第四战区中共特别支部,孙慎于1939年8月至1944年4月担任特别支队书记。在第四战区期间,他还先后担任过司令部秘书、干部训练团教官、司令部所属志锐中学教师等职。

1940年1月,孙慎转赴柳州。彼时,桂南战役已近尾声,战区司令部抽调原战地服务队人员组成一个宣传慰问团开赴前线。孙慎在柳州四年多时间,除在第四战区司令部工作外,和吉联抗以及抗敌演剧队的舒模、黄力丁等人坚持开展抗日歌咏活动。1944年4月至12月间,日军发动打通纵贯中国大陆到印度支那陆上交通线的豫湘桂战役,孙慎随第四战区司令部撤至贵州安顺,后转回广西百色。在途经安顺期间,他和舒模、费克、草田等共同创作了诵唱长诗《岁寒曲》。1945年4

月,孙慎离开第四战区司令部到云南昆明,在进步文艺团体新中国剧社任合唱指挥。在昆明期间,他与赵沨、林路、李仁荪等发起组织"昆明歌咏团体联谊会",使昆明市群众歌咏活动得到发展。这个时期,孙慎最重要的创作是歌曲《我们反对这个》《民主是哪样》。

1946年春,孙慎转赴广州,与黄力丁、吉联抗共同创办《新音乐》月刊(华南版)。同年秋,他到上海与李凌共同主持新创办的中华音乐学院的工作。1948年,他担任《时代日报》(苏联塔斯社在上海办的中文报纸)副刊《新音乐》的主编。新中国成立后,孙慎参与了《歌曲》月刊的创刊工作,并任《歌曲》月刊主编、音乐出版社总编辑、《人民音乐》月刊主编,1953年起任人民音乐出版社社长。孙慎的夫人洪冰原是战地服务队的女队员,当时,孙慎负责组织音乐创作,洪冰在群众中办夜校,两人经常有一起工作的机会。洪冰会写一些歌词,请孙慎谱曲,号召大家为前线战士募捐衣物药品的《募寒衣》这首歌,就是这么诞生的。1946年,孙慎和洪冰在广州结婚,这是一对真正的革命伴侣。"文革"

《孙慎曲文集》

中，夫妻俩都受到批斗。孙慎被送到乡下劳动，洪冰在家里也挨整，两人之间有六年音讯全断，令人唏嘘。孙慎的创作，和他的革命经历密不可分，他的主要作品有歌曲《救亡进行曲》《大家看》《前进》《摇篮歌》《缉私歌》《游击歌》《春耕歌》《募寒衣》《讨汪歌》《模范游击队》，包括儿童歌曲《我们是民族小英豪》《向太阳》等共70首。

柳州往事

1940年到1944年，孙慎在柳州工作四年。这是孙慎的一段青春岁月，也是他最有成就的时期。在柳州的文化界，孙慎极为活跃，虽不过20多岁，却凭借音乐才能和热情为大众所熟悉。他主导和参加的抗战宣传演唱会，时常在柳州举行，创作的抗战歌曲也不时见于报端，传唱于大街小巷。当年受音乐感染最深的是孙慎在志锐中学时的学生，其中，区英芳在回忆录《我在歌声中长大》中这样说：

> 志锐中学搬到柳州大桥，由于特别党支部的几位地下党员来志锐任教，革命歌曲也就唱得更欢了。这一年孙慎老师教我们中学部的音乐课，郑黎亚、吕壁如、黄凛、杨冶明、方兮等老师在附小任教，但他们几位每天清早都在一起发声，练习指挥，带动了我们喜爱音乐的同学参加。在孙慎老师的教导下，我们学会了简谱识谱和基本乐理，而且运用得非常熟练，拿起一首新歌，看着谱就能唱歌词。孙慎老师还专门给黄洪同学和我教授作曲法，把他珍藏的一本《作曲法》中译本送给了我们学习，这样一来，我们的音乐水平大大提高了，唱起歌来更和谐，更美了。大家唱得很投入，感染力更强了。我记得大家唱过《垦春泥》《梁红玉》《梅娘曲》《四季歌》《铁蹄下的歌女》

《延水谣》《延安颂》《热血歌》《大路歌》和用裴多菲诗配曲的《生命诚可贵,爱情价更高》《军民进行曲》的选段。聂耳、冼星海、麦新、贺绿汀、孙慎、吉联抗、黄自等作曲家写的歌,几乎唱遍了。

莫志光也曾回忆在孙慎老师指导下学习音乐的情景:

> 在这里,老师教学、同学学习都比较认真,令人难忘的是我们初一秋班的音乐课竟然由音乐家孙慎老师任教……记得暇时,孙慎老师还教我们用八只茶杯,通过注水的办法,调谐成音阶,可以奏出歌曲。我没有专业学过音乐,仅仅通过业余自学,以后我便参加抗日的文艺宣传工作以及新中国成立后多次被抽调去搞文艺宣传工作,可以说是孙慎老师为我打下了坚实的基础。

《孙慎歌曲集》

吴群任在《往事的启迪》里回忆：

> 上音乐课时，老师们教的全部是抗日歌曲，这些歌，有的是雄壮的进行曲，有的是抒情小调，但都非常好听。歌曲的旋律简单明快，音调变化自然，歌词通俗易懂，便于记忆，每首歌只要老师领唱几遍后，学生很快就能学会。同学们不仅上音乐课时唱，课间休息的几分钟也唱，回家后还继续唱。在校寄宿的学生晚间集体合唱《义勇军进行曲》《黄河大合唱》《我们在太行山上》《我们是小铁军》等歌曲，一唱就是一两个小时，有时躺在床上唱至深夜。孙慎的《救亡进行曲》《春耕曲》等歌曲，扣人心弦，动人情感，在群众中广为流传。

胡登跳（1926—1995）：

中国民族室内乐奠基人

家在宁海

胡登跳，字宣清，原籍宁海，生于浙江省三门县健跳镇，按家谱属登字辈，他还有个兄弟叫胡登健。胡氏兄弟自幼丧父，由母亲抚养成人。1938年至1946年，胡登跳在宁海中学完成学业，成绩优异，因酷爱音乐，得音乐教师钮斌钟爱，传授其专业知识，使之成为全校闻名的"小小音乐家"。胡登跳求学时，浙东地区民间音乐活动相当丰富，丝足、吹打、盲人说唱、山歌小调、宁海平调、绍兴乱弹及嵊县越剧远近相闻，而民风所及，拜祖祭孔、请神求雨、道场佛事、红白喜事又多伴以歌舞乐曲。所谓锣鼓响，脚底痒，胡登跳自小耳濡目染，无师自通，到高中时他已常常为京戏越剧伴奏。有一次他在联欢会上演奏刘天华的二胡曲《独弦操》，还别出心裁地拆掉二胡的一根弦，演出了地地道道的独弦操。这段中学时光，为其后来的音乐之路奠定了一定基础。

中学毕业后有两年时间，胡登跳相继在奉化蒋葭浦小学、宁波道义小学、宁波三一中学以及宁海大蔡小学教书。1948年8月考取苏州的国立社会教育学院艺术系，进行为时一年的学习。当时在此任教的有应尚能、刘雪庵、钱仁康等名家。1949年9月，他考入中央音乐学院华东分院（即后来的上海音乐学院）作曲系，师从贺绿汀、丁善德、杨嘉仁、桑桐等教授，进行系统化的专业学习，也就是西方作曲四大件和声、对位、曲式、配器。学生期间，他利用苏南田歌的调子创作了歌曲《妇女送粮歌》及《秧歌舞曲》。1955年，胡登跳毕业留校，一年后到上海音乐学院新成立的民族音乐系担任助教。1964年，民族音乐系的三个专业扩充为三个系，胡登跳任民族作曲系副主任。"文革"中，因为样板戏创作的需要，他被借调到上海京剧团，"文革"结束前回到上海音乐学院。1993年退休。

三大贡献

胡登跳在上海音乐学院执教到离世的40年间，艺术活动主要可分成三方面。其一是创建民族室内乐形式"丝弦五重奏"。此种形式固定用二胡、琵琶、扬琴、古筝、柳琴（中阮）组合，继承了我国民族合奏乐曲既拉又弹的形式，又吸收西欧室内乐的特点，广泛运用和声、复调技巧，它的萌芽、定型及发展，都是胡登跳主导的。1960年6月，上海音乐学院组织师生参加"六边"活动，胡登跳和同事们改编了江南丝竹和广东音乐里的一些合奏作品，受到欢迎。1964年2月，胡登跳再次到奉贤县（今奉贤区）搞"四清"，为了组织文艺活动就地取材，利用二胡、三弦、扬琴、月琴和琵琶创作了五重奏作品《田头练武》。该曲设计民兵"整装待发、练武、归途"三个场面，题材上符合时代主旋律且接地气，这种符合时代审美趣味的创作给予他灵感和思考。1972年，被借调在京剧团的胡登跳以民乐五重奏的形式改编了《龙江颂》里的唱段《一轮红日照胸间》。到1975年，他又改编红色电影《闪闪的红星》里的歌曲《映山红花开红军来》，被选入北京中山音乐堂参加文化部主办的全国文艺会演，得到时任文化部部长于会泳的接见。1976年，胡登跳正式将这种民乐五重奏形式定名为"丝弦五重奏"。

其二是广泛的民族音乐创作。40年来，胡登跳原创、改编、编配了百余首作品，其中最有代表性的是35首丝弦五重奏和6首唐曲编配。丝弦五重奏里，以1979年后的原创性作品最具价值，以组曲《回忆》、《欢乐的夜晚》、《思念》、《畅想》、《跃龙》（入选20世纪华人音乐经典）为代表。20世纪80年代起，胡登跳还改编了不少外国作品，如加拿大民歌《清晨的雨》，匈牙利作曲家巴托克的小曲三首《卡农》《笛曲》《狂想曲》。根据译谱唐曲改编的也是这一时期为多，以《阳关三叠》（收入联合国教科文组织亚洲文化中心选编的亚太地区音乐教材）、《长

胡登跳著《民族管弦乐法》

沙女引》《又慢曲子西江月》为代表。90年代，胡登跳着手改编了一些传统器乐作品，如《二泉映月》《夜深沉》《春江花月夜》《阳春白雪》等。1980年又在江南丝竹、广东音乐、福建南音基础上探索中国丝竹音乐新模式，写出五首丝竹乐曲《江畔》《霓裳曲》《出水莲》《行街》《举杯邀明月》。此外，胡登跳还在1958年与于会泳合作了民族管弦乐作品《闯将令》。值得一提的是，此曲60年代曾经被香港武侠片《如来神掌》作为配乐，后来在同类影片《东成西就》《唐伯虎点秋香》《功夫》《西游记·大圣归来》里也出现过。

其三是撰写《民族管弦乐法》一书。此书是胡登跳关于民乐配器理论的一部力作。1962年完成51万字初稿，1978年修订，1982年由上海文艺出版社出版，1997年上海音乐出版社再版。该书上篇为乐器性能，下篇为配器方法。其撰写呈现两方面特征：其一是介绍汉族的民族乐器及常见乐器，其二是采用大量实例。书中除了每件乐器均使用图示外，每章节还穿插了作品谱例来说明。此书是胡登跳对民族乐器理论的重要贡献，堪称我国民族器乐配器领域的里程碑。关于中国民族音乐的创作，胡登跳在1989年专门写过一篇论文《土·新·情——我对中乐作品中关于中国风格的认识》，发表在《人民音乐》上，文中提及"土，中乐作品要有土味""新，艺术贵在创新""情，中国的传统音乐作品就是讲究出情"。这应该是中国民族音乐如何发展的总结性论述，某种程度可谓呼应了1927年刘天华成立"国乐改进社"时在《国乐改进社的缘起》里提到的"中西兼容"理念。这位从浙东农村走出的音乐家，其创作实践和理论思想对我国民族器乐音乐的发展产生了深远影响。

陈 钢（1935— ）：

《梁祝》的作者之一

"老克勒"的身世

陈钢出生在上海，其母金娇丽女士为宁波人，故陈钢亦为宁波籍音乐家。

2010年上海世博会期间，李岚清曾在演讲中说："上海有两对音乐父子，陈歌辛和陈钢，陈蝶衣和陈燮阳。"陈钢的父亲陈歌辛为20世纪中国流行音乐巨擘，有"歌仙"之称，有印度血统，一表人才。周璇说过："听陈先生讲话，感到是一种享受；唱陈先生的作品，感到十分的贴心。"陈歌辛和金娇丽冲破门第束缚的婚姻，乃是旧上海的一则传奇。"有了我母亲的相伴，我父亲的创作一直处于一种巅峰状态，《蔷薇处处开》《夜上海》《梦中人》《可爱的早晨》《渔家女》等歌曲，一首接一首。我小时候经常看到父亲半夜时兴奋地叫醒母亲，展示他的得意作品。父亲写歌称得上神速，有时一晚上能写出三四首来。他对母亲说，明天一拿出去，全流行。"陈钢自幼受父亲影响，"父亲讲过，要用三只耳朵听音乐，一只耳朵听古典音乐，一只耳朵听现代音乐，一只耳朵听流行音乐"。这种理念伴随了陈钢的一生。

陈钢早年曾随匈牙利钢琴家瓦拉学习钢琴。1949年，14岁的陈钢要求进步，虚报年龄参了军，成为解放军里的一名文艺兵。1955年以第一名的成绩考上上海音乐学院作曲系，师从丁善德和苏联人阿尔扎马诺夫，主攻作曲。陈钢于20世纪80年代创作的小提琴协奏曲《王昭君》，成为中国小提琴音乐重要文献。他还创作了中国第一首竖琴协奏曲和第一首双簧管协奏曲，另外还有交响诗、大合唱和室内乐合奏作品等。他的作品以将浓郁的民族古风情调和丰富的当代作曲技巧巧妙地融合而见长。

"文革"后期，在上海交响乐团首席小提琴潘寅林催促下，刚刚从"牛棚"里出来的陈钢着手创作"红色小提琴系列"，《苗岭的早晨》《恩情》《金色的炉台》和《阳光照耀着塔什库尔干》成为大受欢迎的作品，

陈钢散文集《三只耳朵听音乐》

● 陈钢作曲的《阳光照耀着塔什库尔干》的黑胶唱片

"那个年代是抑郁的,我就写光明,写《苗岭的早晨》;那时候人们是寒冷的,我就写《阳光照耀着塔什库尔干》。这些音乐温暖了一个时代的心灵,它们怎么会不受欢迎呢?"有趣的是,许多人在那首《阳光照耀着塔什库尔干》的钢琴伴奏中,发现了爵士乐的切分节奏,这段伴奏除了烘托该伴奏热烈的气氛,更成为小提琴曲创作中一个新颖动人的片段。"我认为,在音乐上,红色小提琴系列和《梁祝》是我所做过的两件对得起历史的事。"

合伙人言

陈钢毕生最重要的创作,当是参与了小提琴协奏曲《梁祝》的作曲。1998年,学林出版社出版的《黑色浪漫曲》一书里,对他参与创作《梁祝》的历史有比较深切的回顾,但其中部分内容,另一位创作者何占豪并不认可,遂引发所谓"梁祝风波"。好在《梁祝》的两位主创都留下不少涉及这段史实的文字。

1958年,上海音乐学院的一个创作实验小组,准备创作一首民族化的小提琴曲。浙江越剧团来的进修生何占豪提议把越剧《梁祝》改成弦乐作品。这一提议得到了校党委书记孟波的支持。因为弦乐系的同学只能写出旋律,却作不了大的协奏曲,于是正在作曲系读大四的陈钢加入进来。但陈钢起初对此并不热衷,理由是正在准备毕业作品。丁善德先生说服了他:"这部《梁祝》,是要向国庆十周年献礼的,做好了,也可以算你的毕业作品。"于是,不会拉小提琴的陈钢,与越剧团二胡演员出身的何占豪,以及其他一些人组成团队,开始创作一部小提琴协奏曲。

"用几句简要的话来概括我和陈钢的合作,那就是:乐曲两人共同构思,旋律主要由我写作,乐队由他执笔配器。1959年5月4日,在'上音'礼堂首次试演,由我担任小提琴独奏,陈钢任钢琴伴奏。1959年5月27日,在'兰心大戏院'正式首演,由实验小组成员俞丽拿担任小提琴独奏,学生乐队协奏,樊承武指挥。演出获得了极大成功。这就是真实的历史。"据何占豪《〈梁祝〉与陈钢的爱情无关》一文回忆:

> 实验小组成立时,根据每人的特长我们作了分工:我和丁芷诺负责创作,俞丽拿和沈西蒂负责演奏,张欣、朱英负责理论总结。所以这首大型乐曲很自然地落到我和丁芷诺的肩上……我和丁芷诺开始讨论乐曲的构思。我们准备基本上按照《梁祝》故事的情节一段段往下写,当然,首先要集中全力写好全曲最主要的爱情主题。我经过反复思考,决定从越剧尹(桂芳)派那句情意绵绵的"妹妹呀"唱腔中提取素材。同时,又用我在浙江越剧团时积累的具有戏曲风格的演奏手法,在小提琴上反复试奏。终于创作出了现在受到国内外广大听众欢迎的"梁祝"爱情主题。接着我又写了"同窗三载"的小快板

主题，这是根据我以前写的越剧折子戏《跑驴》中的一段插曲改编而成的。这两个主题，我是在温州完成的。

1959年寒假开学后，有消息传来，丁院长已经说服了陈钢，参加我们的创作，我们很高兴。为了保证作品的顺利产出，丁芷诺发扬了风格，宣布自动退出……

1959年2月，我和陈钢的合作开始了，当时乐曲的内容已有初步设想，爱情主题和小快板主题也有了，需要解决的是用什么曲式来概括。在陈钢的建议下，我们对乐曲重新进行构思，即把故事的内容和西欧传统的奏鸣曲式有机地结合起来。既适应中国百姓艺术欣赏的思维习惯，又符合音乐的陈述规律，这样我们就把原来的构思进一步规范化了。

根据这个构思，乐曲由我一段一段写下去。我先写完旋律，用小提琴拉给陈钢听，他提出看法，提出参考意见，定下来后，陈钢根据旋律写伴奏（钢琴），再到丁院长课上听取指导。说实话，我非常高兴找到一个合适的伙伴。我觉得，陈钢对音乐的感觉很灵敏，每听完一段，会引起他的共鸣，很快就会作出反应。我从他的意见中得到很多启发，使我写得更完美。比如，我拉《楼台会》一段给他听时，他马上就建议第二段写成复调，用小提琴和大提琴对答，塑造"梁祝"共同倾诉的形象。

我擅长旋律，陈钢学过曲式，并弹得一手好钢琴，我们之间的合作很愉快，从未有过争论。使我感到特别高兴的是在展开部的写作中，我没有用"动机模进""调性变化"等西欧常用手法，而大胆用京剧倒板和越剧嚣板来表现人物的思想感情。这些戏曲中富有民族特色的紧拉慢唱手法，不但使老百姓听起来更觉亲切，而且使整首乐曲更有中国特色。

我的这些探索和尝试都得到丁院长的认可和陈钢的默契配合。所以仅仅两个多月的时间，我们就基本上完成了全曲创作，并由陈钢执笔配器了。

《梁祝》的产生不是偶然的，它反映了一代青年振兴民族音乐、攀登世界音乐高峰的强烈愿望。虽然作品是我们两位执笔者署名，但它却凝聚了当年领导、老师和实验小组同学的许多心血。在这里再一次向他们深深致谢！

由于我当年被认为是上海音乐学院小提琴民族化的代表人物，又是《梁祝》协奏曲的创意者，爱情主题及其他旋律的主要创作者，因此在国家出版物上、唱片上，都把我的名字放在前面，我认为这是合乎情理的，并没有其他因素的干扰。

我无意夸大我个人的作用……只想用事实来回答这个问题：1. 我在写《梁祝》爱情主题时，陈钢还没有答应和我合作，所以《梁祝》的"爱情"和陈钢的"爱情"毫无关系；2. 与陈钢合作之后，乐曲中几段悲伤的旋律，如"惜别""楼台会""哭灵"等，都是我从越剧唱腔中提炼写作而成，都是刻画"梁祝"纯情的。

这些旋律的来龙去脉，我都可以讲得清清楚楚……我相信真实的历史将有助于大家对《梁祝》这部作品的理解。

陆在易（1943— ）：

中国艺术歌曲之王

余姚作曲家

陆在易，生于余姚。自幼受其做小学音乐教师的二哥影响，学会了拉二胡和吹笛子，对音乐兴趣日增。1955 年，也就是他小学毕业前，二哥让他给当时的中央音乐学院院长马思聪写信。陆在易在信中言辞恳切地诉说一个农村孩子学音乐的愿望。很快，马院长办公室来信说："马院长正在参加国际评委工作，不能亲自给你回信，你身在浙江，离上海近，建议你与上海音乐学院联系。"二哥知道，上海音乐学院有大名鼎鼎的贺绿汀。于是马上让陆在易给贺绿汀写信。幸运的是，贺院长回信并寄来了上海音乐学院附中的报名单。这一年，11 岁的陆在易在前来应考的十几个余姚考生中，凭借一手好二胡成为唯一的幸运儿。他怀揣录取通知书回乡，一路车船票，还都是素昧平生的路人掏的腰包。

陆在易在上海音乐学院附中一路直升到大学部作曲系本科，1967年毕业并留校。1972年调任上海京剧院，参加十余部现代革命京剧的创作。1981年调任上海乐团，担任专职作曲、团长和艺术指导。笔者手里的一份1985年上海乐团纪念联邦德国作曲家卡尔·奥尔夫90周年诞辰的清唱剧《卡尔米拿·布拉拿》（今译《博伊伦之歌》或《布兰诗歌》）的上海首演专场音乐会节目单上就有"陆在易（上海乐团团长）"字样。1997年，陆在易担任上海歌剧院艺术指导。

陆在易的贡献，主要在于艺术歌曲和合唱的创作——1993年在上海，2010年在南京，2013年在北京和上海。陆在易个人作品音乐会广受欢迎，指挥家曹丁曾说："我指挥过几千部作品，我非常负责任地告诉大家，这是我们中国、华人最好的作品。"在"2018上海之春国际音乐节"上，此言再次得到验证，一台"向经典致敬——陆在易作品音乐会"，仅四个小时，歌剧院网站门票便告罄，指挥家林大叶在微信里致意："亲爱的陆公，指挥您的作品真是一种非凡的享受！您的每一个音符都有生命力！这场音乐会让我终生难忘！"2008年，现任上海音乐学院院长的廖昌永在维也纳金色大厅举办独唱音乐会时，演唱了陆在易为国

● 陆在易（右）倾听周小燕的教诲

● 陆在易在自己作品的音乐会现场

民党元老于右任思念祖国大陆的诗谱曲的男中音独唱曲《望乡词》，这首独唱曲犹如为廖昌永量身定做。值得一提的是，当时的廖昌永是坐在轮椅上完成演唱的。陆在易后来感慨："廖昌永带伤上场，演绎又那么到位、动人，这在世界演出史上都是少见的。"

陆在易的艺术歌曲创作可分为两个阶段：第一个是 20 世纪 80 年代的"阳光歌者"阶段。在此期间，他的作品中散发出具有童真、真诚的抒情气质，曲风清新，一目了然，表达对祖国的美好祝愿；第二个是 80 年代末至现在，随着陆在易人生阅历的不断丰富，对人性本质、社会现实的领悟与思考的不断深入，他把歌曲创作的方向转向了注重国家民族命运和前途这一具有哲理性的角度，创作风格越来越趋向于深沉和内敛，同时创作经验也在积累，逐渐地从"阳光歌者"向"忧患诗人"转型。

艺术至上

近 40 年来，陆在易共计写有逾 500 首（部）不同体裁的音乐作品，是当代中国乐坛具有代表性的一代大家。他写于不同年代的《桥》《家》

● 陆在易作品唱片

《盼》三首艺术歌曲,获第一届(2001)中国音乐"金钟奖"金奖;艺术歌曲《我爱这土地》,获第二届(2002)中国音乐"金钟奖"声乐作品奖;艺术歌曲《望乡词》,获第三届(2003)中国音乐"金钟奖"声乐作品奖。陆在易成为连续三年折桂中国音乐界最高奖项的第一人。混声合唱《雨后彩虹》,被评为"20世纪世界华人音乐经典",五乐章的音乐抒情诗《中国,我可爱的母亲——为大型合唱队与交响乐队而作》,获中国音乐"金钟奖"及上海市文学艺术界最高荣誉奖;《祖国,慈祥的母亲》等多首艺术歌曲,进入高等院校声乐教材,《游子情思》《葡萄园夜曲》等成为国内各类合唱比赛的指定曲目,甚至在一次全国性合唱节中,竟有13支合唱团同时选唱他的作品。他的《艺术歌曲选》《合唱作品选》《童声合唱选》《中国优秀合唱作品选》等乐谱专集,发行量突破3万册,成为畅销出版物。

陆在易的所有建树,与他"艺术至上"的秉性有关。具有诗人情怀的陆在易,如同患有"艺术洁癖症",容不得半点虚情假意。这种秉性,既让他创作受益,又让他不得安生,受尽煎熬。他的合唱序曲《在十八岁生日的晚会上》中,有一段女声领唱,声音要特别清纯,到二重唱时,又需要具有歌剧效果,这样的女声,何处寻觅?当听说云南有一个理想的候选人时,他差一点立马飞往云南……"可能我的作品只有一个优点,即,每个音符的的确确是从我的内心深处流出来的……我总结自己的创作,真诚两字是核心。因为我的本性想抒发,想歌唱,于是走到这条路上去了。我的写作像说话,说最想说的话即真话。在写作时,我的神经一旦触觉到虚假,马上就会条件反射,本能地停笔。即便已经写成的东西,也坚决去除,撕毁手稿,我要求每个音符必须是从心底里流出来的。我写有艺术歌曲四五十首,但自己通得过、认为能拿得出手的,也就十首左右。"

我爱这土地

陆在易的成名作《祖国,慈祥的母亲》,代表作《中国,我可爱的母亲》《我爱这土地》,无论是抒情性的还是歌唱性的,都是"文学与音乐、才气与灵感、作品与时代"的三结合,遂有爱国主义三部曲之谓。可贵的是,它们没有一部是委约之作,都是作曲家真情的自然流淌。陆在易用最真挚、清新的音乐语言,将"士大夫""孤鸿海上来"的民族气节和情怀予以诗化表达。"我从不写应景作品,绝不想急功近利,绝不搞投机取巧,也绝不随波逐流。在当今社会,绝对是吃亏的,但我不想改变……我想说明的是,我反对以政治说教代替艺术创作,但十二分地崇敬《黄河大合唱》这类真正反映和体现民族精神的大作。身为21世纪作曲家,我为什么会选择艾青1938年的诗作作为歌词?因为那是国难当头、山河破碎的年月,我脑海中,这是爱国主义最浓郁、最赤忱的时候……然后我死了,连羽毛也腐烂在土地里面。为什么我的眼里常含泪水?因为我对这土地爱得深沉……而现代诗人所写的这类题材,不会再有这类赤诚了。"

某次创作会议上，有人提议，能否以方志敏《可爱的中国》为蓝本，写一部大合唱？陆在易动了念头，因为这与他内心"真正反映和体现民族精神"的本性不谋而合。然而，五个乐章的大型音乐抒情诗《中国，我可爱的母亲》的创作，却令他经历了一次痛苦的"炼狱"。整整一年零八个月，他几乎痛不欲生，其中又有整整半个月，他的身心处于极度战栗的状态里。尼采称这种创作状态是"艺术病理学"——即痉挛的激情、亢奋的敏感，有时大声号啕，泪流满面，艺术家成了神经官能症患者。"作品上演后，我曾经与朱践耳探讨。我告诉他，这部作品最让我动心和号啕。说完，眼泪竟然止不住地流淌。朱践耳说他深有同感，写到最心动的音乐时，常常会热泪盈眶！这样的经历，只有这么一次，这样的作品，我再也写不出来了。"

　　"一部好的作品，其实就是社会的真实反映。我绝大多数作品，都带有主人公的色彩。艺术歌曲《桥》就是，如果没有小时候在家乡抓鱼摸虾的经历，我是写不出这个精致小品的。"余姚，给了作曲家太多记

● 《我爱这土地：陆在易艺术歌曲选》

忆。在家乡，两三块长条形石板，便成一座小桥，横亘在清澈小河或小溪上。石板旁，板缝里，长满了藤萝或野草。纵横交错的水道桨声灯影，或烟雨迷茫中，或空山新雨后，像一幅幅水墨画。而今，一切已不复存在。但隽永的水乡景致，被陆在易留在了《桥》《家》《盼》《望乡词》等艺术歌曲中。"我喜欢到大自然中去。有一次去云南采风，为看一棵古茶树，几乎走了一天。我特别喜欢西双版纳这样的地方，在热带雨林的奇异景观中，人和自然，似乎完全融为一体。有质量的音乐创作，从本质上说，是一个音乐家长时期对社会、对人生、对现实生活的深刻感悟化为自己艺术语言的体现。我便是抱着这样的理念，走过数十年的创作生涯的。"

参 考 文 献

01 周小燕：《远去的琴声——怀念我的朋友吴乐懿》；萧酩：《悠悠伍拾载师生情》；吴乐懿：《钢琴教学中的一些感想》，《钢琴艺术》2009 年第 11 期。

02 向延生主编：《中国近现代音乐家传》，春风文艺出版社 1994 年版。

03 巢志珏：《琴音缭绕忆故人——缅怀吴乐懿教授》，《钢琴艺术》2013 年第 10 期。

04 陈敏：《忆恩师朱工一教授》，《人民音乐》2016 年第 12 期。

05 张春蕾、晋瑾：《缅怀·传承——纪念朱工一教授逝世 30 周年系列活动述评》，《人民音乐》2016 年第 12 期。

06 刘帅：《朱工一先生对近代钢琴教育的贡献与影响》，《兰台世界》2013 年 9 月上。

07 葛德月编著：《朱工一钢琴教学论》，人民音乐出版社 1989 年版。

08 史青岳：《广大之仁——访钢琴家周广仁》，《音乐爱好者》2018 年第 9 期。

09 梁茂春：《黑白键盘，五彩人生——为祝贺周广仁教授 90 华诞而作》，《人民音乐》2018 年第 11 期。

10 黄大岗主编：《周广仁钢琴教学艺术》，中央音乐学院出版社 2007 年版。

11 牧岭：《没有休止符的生命之歌——访女钢琴家周广仁》，《北京档案》1998 年第 12 期。

⑫ 茅于润、赵家圭著:《东方的旋律——中国著名作曲家丁善德的音乐生涯》,香港上海书局 1983 年版。

⑬ 刘再生:《一位长期"失踪"的钢琴教育家——纪念俞便民先生诞辰 100 周年》,《音乐艺术》(上海音乐学院学报)2013 年第 3 期。

⑭ 孟建军、柯歧:《宝刀不老,锋芒犹在——访钢琴家李名强》,《乐器》2007 年第 4 期。

⑮ 王丹阳:《傅雷的傲与烈》,《杂文选刊》,2016 年第 11 期。

⑯ 李名强、杨韵琳主编:《中国钢琴独奏作品百年经典》第 5 卷,上海音乐出版社 2015 年版。

⑰ 应诗真著:《钢琴教学法》,人民音乐出版社 1990 年版。

⑱ 周喆妍、陈岭:《应尚能——一位集演唱、教学、创作、学术科研于一身的中国第一代声乐教育家》,《戏剧之家》2014 年第 6 期。

⑲ 应尚能著:《乐学纲要》,上海商务印书馆 1935 年版。

⑳ 应尚能著:《以字行腔》,人民音乐出版社 1981 年版。

㉑ 应尚能、黄自、张玉珍、韦瀚章等编:《复兴初级中学音乐教科书》六册,商务印书馆 1935 年版。

㉒ 应尚能著:《歌曲的旋律与文字的四声》,《人民音乐》1957 年第 5 期。

㉓ 韩国鐄著:《留美三乐人——黄自·谭小麟·应尚能留美资料专辑》,台湾时报文化出版企业有限公司 1990 年版。

㉔ 《总理纪念周·竺校长训话》,《国立浙江大学校刊》复刊第 102 期,影印资料,浙江大学校史资料室提供。

㉕ 吴正佑:《最后岁月——浙大校歌谱曲者应尚能教授的故事》,浙江大学校史资料室提供。

㉖ 赵梅伯著:《唱歌的艺术》,上海音乐出版社 1997 年版。

㉗ 赵梅伯著:《合唱指挥法》,商务印书馆 1946 年版。

28 高阳：《赵梅伯音乐教育思想对当代高等音乐教育的启示》，《当代音乐》2016 年第 1 期。

29 赵梅伯：《黄钟史》（即《中国音乐简史》），法文版 1932 年 6 月初版于布鲁塞尔，1933 年 1 月二印于北平，1933 年 8 月三印于里昂，英文版 1934 年 9 月初版于巴尔的摩。

30 赵雍生编：《现代中国音乐先驱赵梅伯》，台北黎明文化事业股份有限公司 1992 年版。

31 葛毅主编：《葛朝祉先生百年诞辰纪念文集》，上海音乐学院出版社 2017 年版。

32 蒋力：《绚美歌声成绝响——敬悼楼乾贵先生》，《歌剧》2015 年第 1 期。

33 蒋力：《他的歌曾风靡了一个时代——访楼乾贵先生》，《歌剧》2011 年第 9 期。

34 雍谊：《欧洲唱法怎样民族化——访劳景贤、蔡绍序、董爱琳、周碧珍同志》，《人民音乐》1963 年第 7 期。

35 黄敏学：《胡晓平：东方百灵鸟》，《光明日报》2014 年 10 月 3 日第 3 版。

36 卢雅靖：《黄英演唱艺术研究——以〈蝴蝶夫人〉为例》，湖南师范大学 2014 年硕士学位论文。

37 张贞黻：《上海工部局管弦乐队琐记》，上海交响乐团内部资料。

38 周光蓁著：《中央乐团史》，三联书店（香港）有限公司 2009 年版。

39 廖阳：《77 岁俞丽拿：21 世纪的人一定要懂艺术》，澎湃新闻网 2018 年 4 月 24 日讯。

40 马卢雅文口述，约翰·艾·拉洛撰写，陈善伟译：《我的儿子马友友》，人民音乐出版社 2001 年版。

41 （美）吉姆·怀廷著，徐依琲译：《马友友传》，上海远东出版社

2009年版。

42　石人望编著:《口琴吹奏法》,人民音乐出版社1981年版。

43　石人望编曲:《标准口琴名曲选》,上海大众口琴会出版部民国二十八年(1939)发行。

44　(法)阿尔班编著,朱起东译注:《阿尔班小号-短号教程》,上海音乐出版社2001年版。

45　朱起东编:《小号独奏曲选》,上海音乐出版社2001年版。

46　朱起东编著:《小号、长号、圆号及其他铜管乐器五声音阶日常练习》,上海音乐出版社1998年版。

47　申申:《中国小号宗师朱起东》,《小演奏家》2014年第4期。

48　王晓君:《与"笛王"陆春龄的忘年交》,《档案春秋》2018年第7期。

49　蒋伟:《陆春龄笛曲〈鹧鸪飞〉的审美内涵》,《四川戏剧》2016年第9期。

50　戴嘉枋:《论"文革"后期室内乐及管弦乐改编曲的创作》,《乐府新声》(沈阳音乐学院学报)2010年第4期。

51　卞祖善:《华美的乐章——贺指挥家姚关荣从艺55周年》,《人民音乐》2016年第4期。

52　贺秋帆:《爱乐杂记》,北京三联书店《爱乐》2005年第4期。

53　赵士荟编著:《周璇自述》,上海三联书店1995年版。

54　雍逸山:《从〈救亡进行曲〉到〈政治协商会议进行曲〉——缅怀作曲家孙慎先生》,《同舟共进》2000年第6期。

55　人民音乐出版社编辑部编:《孙慎歌曲集》,人民音乐出版社2005年版。

56　人民音乐出版社编辑部编:《孙慎曲文集》,人民音乐出版社2015年版。

57　解骏:《胡登跳丝弦五重奏作品——〈畅想〉的音乐分析》,《音乐创作》2017 年第 9 期。

58 解骏:《中国优秀传统音乐文化的传承者——胡登跳先生与他的丝弦五重奏》,《艺术评鉴》2017 年第 16 期。

59 汪海元:《胡登跳其人、其事及其艺术贡献》,《音乐艺术》(上海音乐学院学报)2016 年第 3 期。

60 胡登跳著:《民族管弦乐法》,上海文艺出版社 1982 年版。

61 吴赣伯著:《二十世纪中华国乐人物志》,上海音乐出版社 2007 年版。

62 胡登跳:《土·新·情——我对中乐作品中关于中国风格的认识》,《人民音乐》1989 年第 3 期。

63 陈钢等著:《玻璃电台——上海老歌留声》,学林出版社 2007 年版。

64 陈钢著:《三只耳朵听音乐》,百花文艺出版社 2007 年版。

65 陈钢著:《蝴蝶是自由的:陈钢音乐散文》,文汇出版社 2003 年版。

66 陈钢著:《黑色浪漫曲》,学林出版社 1997 年版。

67 徐天祥:《"梁祝风波"》,《天津音乐学院学报》2003 年第 4 期。

68 周裕妩:《中国首部小提琴协奏曲〈梁祝〉首演者:〈梁祝〉让小提琴"说"了中国话》,大洋网 2018 年 9 月 26 日讯。

69 施雪钧、李建林:《陆在易:每个音符都充满生命力》,《文汇报》2018 年 8 月第 11 版。

70 庞卡:《探究钢琴伴奏与演唱者之契合点——以陆在易六首艺术歌曲为例》,《大众文艺》2019 年第 9 期。

71 陈立兴:《陆在易艺术歌曲的创作特征及演唱风格探究》,《当代音乐》2017 年第 12 期。

72 顾汉林:《陆在易艺术歌曲〈家〉的演唱风格探析》,《歌海》2018 年第 6 期。

73 陆在易作曲:《我爱这土地——陆在易艺术歌曲选》,上海音乐出版社 2002 年版。

后 记

20世纪70年代,我经常随父亲从宁波汽车东站坐长途车到鄞县咸祥镇(今属鄞州区),接着在横山码头摆渡,到象山西泽码头上岸,再转车去泗洲头。总之,我每年路过海滨小镇咸祥,却不知二十多年后,会以另一种方式重返故地——那是2002年,我第一次知晓马友友的祖居在此,而且马氏祖坟碑文还是沙孟海先生的手笔。按照现在通行观点,生在巴黎、长在纽约的大提琴家马友友就是宁波人。2005年11月11日,马友友在巴赫《无伴奏大提琴组曲》亚洲巡回演出七站之一的宁波站,用刚学的一口乡音开场:"阿拉宁波人……"此前,官方也曾有意请他来做甬城形象代言人。这意味着,只要你根在宁波,且在某一领域有足以替故乡增色的超凡才能,即使没有到过宁波,你也是同乡。

从2002年成为宁波民间组织"宁波市欢迎马友友乡长返乡献艺筹委会"一员至今,我发现自己的业余生活已与宁波的音乐生活紧紧相连。2014年7月起,我受邀在宁波电台音乐频道主持一档古典音乐节目《相约秋帆,洗耳恭听》,至本书杀青之时已播出540余期。2015年起,我在宁波市图书馆主讲古典音乐系列讲座《秋帆乐话,如是我闻》,至今也已讲罢140期。2018年8月起,宁波交响乐团邀我面向公众推出音乐季配套讲座《宁波交响,秋帆导读》,目前也已讲完64期。从某种角度讲,我的宣讲和写作参与并见证了宁波音乐史的构建，同时也见证了宁波音乐人的往来。巫漪丽、姚莉、柳和埙、孙慎及姚关荣五位传主正是在本书的写作过程中故去的，希望书中的文字，能寄托一份来自故乡的哀思。

2018年底，我接到宁波出版社编辑徐飞先生的电话。一个月后，我在宁波出版社总编袁志坚先生的办公室里正式接受本书写作邀约。编辑周真渝女士在整个写作过程中一直给予勉励和指导。成书过程里，张爱妮女士具体负责审阅，在此特致谢意。本书的写作，还得到如下几位名士的指点：首先是远在洛杉矶的音乐文献收藏家章杰民先生，本书所附之不同时期的所有节目单及部分黑胶封面都来自他的私人珍藏。书中传主之一洪腾与他保持了超过半世纪的友谊。本书写作之前，他专门联系洪腾老师，以确认她是宁波人这一事实。中央音乐学院钢琴系教授张佳林先生提供了斯义桂及应诗真的重要资料。旅德钢琴家何宁博士对本书也有独到的贡献。当然，我永远不能忘记我在北京三联书店《爱乐》的同仁詹湛兄，没有他几次三番入上海有关部门档案库寻访，以及对参考文献有问必答式的解惑，这本书的写作估计早已半途而废了，而旅法学者冯昱兄也向我提供了赵梅伯在比利时留学时期珍贵文献的照片。本书写作中，我还就书中涉及的若干历史掌故请教家父贺圣谟。2005年11月，乡亲们敬赠马友友五十大寿的寿幛上那副对联正是由他斟酌定稿的。我供职的浙江工商职业技术学院也为我的写作提供了便利。本书完稿时，位于东钱湖畔的秋帆工作室也告落成。我和我的妻子、本书的第一读者、我整个写作人生里的第一批评者周萍，曾在城乡公路上一起欣赏了无数个日出和日落。正是她替我挡住了各种杂务，才让我能够安心写作，在此，也向她表示感谢。

贺秋帆

2021年6月

图书在版编目（CIP）数据

甬上乐人：宁波现当代音乐家小传/贺秋帆著.——宁波：宁波出版社,2021.8
（宁波文化丛书.第3辑）
ISBN 978-7-5526-4344-2

Ⅰ.①甬… Ⅱ.①贺… Ⅲ.①音乐家-传记-中国-现代 Ⅳ.①K825.76

中国版本图书馆CIP数据核字（2021）第138701号

甬上乐人 宁波现当代音乐家小传

贺秋帆 著

出版发行	宁波出版社
	宁波市甬江大道1号宁波书城8号楼6楼　315040
	http://www.nbcbs.com
责任编辑	张爱妮
责任校对	秦梦嫄　虞姬颖
责任印制	陈　钰　王璐璐
装帧设计	马　力
开　　本	710mm×1000mm　1/16
印　　张	15.5
字　　数	200千
印　　刷	宁波白云印刷有限公司
版次印次	2021年8月第1版　2021年8月第1次印刷
标准书号	ISBN 978-7-5526-4344-2
定　　价	72.00元

版权所有，翻版必究